<u>Böhm/Freimuth-Krämer/Stumm</u>
Gute und gesunde Küche
bei Neurodermitis und Allergien

Gute und gesunde Küche bei Neurodermitis und Allergien

Das Kochbuch für die ganze Familie

Von Birgit Böhm,
Rosa Freimuth-Krämer
und Franziska Stumm

Mit 12 farbigen Abbildungen

2., überarbeitete Auflage

Karl F. Haug Verlag · Heidelberg

Die Deutsche Bibliothek – CIP-Einheitsaufnahme

Böhm, Birgit:
Gute und gesunde Küche bei Neurodermitis und Allergien : das Kochbuch für die ganze Familie / von Birgit Böhm, Rosa Freimuth-Krämer und Franziska Stumm. – 2., überarb. Aufl. – Heidelberg : Haug, 1995
    (Ernährung und Diätetik)
    ISBN 3-7760-1513-6
NE: Freimuth-Krämer, Rosa:; Stumm, Franziska:

Haftungsausschluß:

Die in diesem Buch aufgeführten Ernährungsvorschläge und Rezepte sind von den Autorinnen erprobt worden. Gleichwohl ist die Haftung für evtl. auftretende Unverträglichkeiten in jeder Hinsicht ausgeschlossen.

© 1994 Karl F. Haug Verlag GmbH & Co., Heidelberg

Die Fotos zu diesem Buch wurden mit freundlicher Mithilfe der Werbeagentur Lutz Schaffhausen und des PM-Fotostudios, Elmshorn, erstellt.
Fotograf: Pascale Sopha
2. Auflage 1995

Titel-Nr. 2513   ·   ISBN 3-7760-1513-6

Satz: Satzzeichen Gund, 69214 Eppelheim
Druck und Verarbeitung: Progressdruck GmbH, 67346 Speyer

Dieses Buch widmen wir unseren Kindern

Frederike Jeannine und Jan-Christian,
Johannes,
Kai Torben und Sven Aycke

Inhalt

1. Vorwort

Die Haut als größtes Organ des Menschen reagiert immer mehr auf die stark zunehmenden toxischen und allergenen Reize aus der Umwelt. Die Neurodermitis ist eine der möglichen Reizantworten des überforderten Organismus. Bei dieser multifaktoriellen und multikausalen Krankheit sollte man die äußeren und die inneren Ursachen trennen. Der einzelne kann die Outdoor-pollution mit allen Toxinen und Allergenen fast ohnmächtig kaum beeinflussen, wir alle aber können in unseren eigenen vier Wänden die Indoor-pollution schadstoffarm und beinahe allergenfrei gestalten.

Wesentlich ist an der Neurodermitis die Ernährung beteiligt, zur Behandlung ist eine möglichst gesunde Ernährung unerläßlich. Das atopische Ekzem wird überwiegend von innen geheilt, nicht von außen mit Kortison und mit anderen Salben. Auf der Suche nach der richtigen Ernährung waren in der Praxis die Versuche mit den allgemein bekannten und bewährten Diäten leider oft nicht erfolgreich. So ist es kein Wunder, daß Eltern betroffener Kinder in Selbsthilfegruppen eigene Wege gesucht und gefunden haben.

Die Autorinnen haben in diesem Buch ihre Erfahrung zusammengefaßt und ein völlig neues praktisches Kochbuch geschrieben. Die Empfehlungen, daß die Neurodermitiker zunächst ganz auf tierisches Eiweiß verzichten müssen und daß vom Raffineriezucker bis zu Konservierungsmitteln bestimmte ("Nahrungs-") Mittel vermieden werden müssen, entspricht dem heutigen Stand der Wissenschaft. Die einzelnen Gerichte sind dabei so ideenreich und geschmackvoll zusammengestellt, daß allein beim Lesen dieses Kochbuches dem Feinschmecker das Wasser im Munde zusammenläuft.

Daß auch süße Speisen weder mit Zucker noch mit künstlichen Süßstoffen zubereitet werden können, entspricht ernährungsphysiologischen Erkenntnissen und naturheilkundlichen Standpunkten und wird somit auch den "süßen Kindern" gerecht.

Viele Rezepte machen schnelle und unkomplizierte Zubereitungen möglich, die jeder leicht verstehen kann und auch in den Haushalt von Kindern mit berufstätigen Eltern passen. Zahlreiche allgemeine Empfehlungen im Kapitel 3 von der stillenden Mutter bis zum Kind im Krankenhaus machen dieses Buch zu einem sehr informativen und praktischen Ratgeber.

Bei der Behandlung der Neurodermitis sollte immer die ganze Gemeinschaft und Familie mit einbezogen werden, sonst begreifen die Kinder ihre Krankheit als Benachteiligung und die Therapie als Verzicht. Ein psychologischer Druck aber verstärkt meist die bestehende Symptomatik. Von diesem Kochbuch und Ratgeber werden sich alle Familienangehörigen überzeugen lassen, so daß wirklich alle an einem Tisch essen und in ihrer umweltfreundlichen Gemeinschaft leben können.

Auf dieses Buch haben alle Neurodermitis-behandelnden Ärzte lange gewartet. Mit diesem Kochbuch ist die Neurodermitis-Diät kein Verzicht mehr, sondern in jeder Beziehung ein echter Gewinn.

Dr. med. Helmut Scharrel, Internist

2. Zielsetzung und Aufgabenstellung des Buches

Das vorliegende Buch gibt eine praktische Hilfestellung für die tägliche Nahrungsauswahl, -beschaffung und -zubereitung für Familien, in denen auf eine besondere Ernährung für Neurodermitiker geachtet werden muß.

Unsere Ziele sind, die Gesundung des Kranken im Familienkreis zu ermöglichen und gleichzeitig die übrige Familie mit schmackhaften und gesunden Speisen zu versorgen.

Die Rezeptauswahl berücksichtigt die neuesten Erkenntnisse über die Krankheitsentwicklung in der Bevölkerung, insbesondere die steigende Anzahl erkrankter Säuglinge und Kleinkinder.

Es hat sich gezeigt, daß gerade bei atopisch veranlagten Kindern über die geeignete Ernährung fast immer eine Linderung der Symptome, oft sogar im Laufe der Zeit eine dauerhafte Beschwerdefreiheit erzielt werden kann.

Wir möchten diese Beeinflußbarkeit der Neurodermitis aufzeigen und Betroffene bzw. die Eltern neurodermitiskranker Kinder ermutigen, die Eigeninitiative zur Bewältigung der Erkrankung zu ergreifen, indem sie eine Ernährungsumstellung erproben. Aus eigener Erfahrung wissen wir, daß es für die gesamte Familie eine psychische Entlastung bedeutet, wenn man selber etwas für die Gesundung tun kann.

In unserer Anleitung zu dieser Ernährungsumstellung finden vor allem junge Mütter wertvolle Hinweise für ihre schwierige Aufgabe der täglichen Ernährung ihrer Familie.

Im ersten Hauptteil des Buches werden die häufigsten Probleme behandelt, die in der Familie auftreten, wenn eines ihrer Mitglieder an Neurodermitis erkrankt ist. Die Probleme und die Möglichkeiten zu ihrer Lösung sind den Altersstufen des Neurodermitikers zugeordnet, in denen sie erfahrungsgemäß jeweils am häufigsten auftreten. Die vorgestellten Lösungsmöglichkeiten wurden sämtlich von betroffenen Familien erprobt und dürfen als erfolgversprechend angesehen werden.

Der zweite Hauptteil des Buches besteht aus dem Rezeptteil. Die Rezeptauswahl gibt Beispiele für die Ernährung des Neurodermitikers in Abhängigkeit von seinem Alter, und zwar für jede Tagesmahlzeit gesondert sowie für besondere Anlässe. Die Ernährung des Säuglings wird besonders eingehend behandelt. Vor den einzelnen Rezeptgruppen für den Neurodermitiker jenseits des Säuglingsalters finden Sie zusätzliche Informationen und Ratschläge.

Das Buch schließt mit einer tabellarisch zusammengefaßten Liste von Informationen über Produkte und Waren.

3. Ein wichtiges Wort zuvor

Für die Neurodermitis kennen wir viele unterschiedliche Bezeichnungen: „endogenes Ekzem", „atopisches Ekzem", in der medizinischen Fachsprache heißt sie „Neurodermitis constitutionalis atopica" und im englischen Sprachgebrauch „atopische Dermatitis".

Das Wort „Atopie" stammt aus dem Griechischen und bedeutet „fremd" oder „befremdlich". Der Atopiker reagiert also anders auf Umwelteinflüsse als ein Gesunder. Zusammen mit dem allergischen Schnupfen und dem allergischen Bronchialasthma wird die Neurodermitis zu den Erkrankungen des atopischen Formenkreises gezählt. Allen atopischen Erkrankungen ist eine Fehlsteuerung des Immunsystems gemeinsam. So ist der Atopiker und insbesondere der Neurodermitiker auch besonders anfällig für Allergien.

Eine allergische oder auch pseudo-allergische Reaktion kann u. a. erfolgen auf

Lebensmittel	*Kot der Hausstaubmilben*
Tierhaare und Tierhautschuppen	*Kosmetika*
Pollen	*Schimmelpilze*
Medikamente	*Umweltgifte*
	Schwermetalle

Die Aufzählung von möglichen allergen wirkenden Substanzen an dieser Stelle erhebt nicht den Anspruch auf Vollständigkeit!

In zunehmendem Maße gewinnen in jüngster Zeit zahlreiche umwelttoxische Substanzen an Bedeutung wie z. B. Pestizide, Holzschutzmittel, Formaldehyd (kann u. a. in Mobiliar und Spielsachen enthalten sein) oder Quecksilber (Amalgam!) sowie Tabak- und Zigarettenrauch. So kommen *Pestizid*-Rückstände nicht allein in Lebensmitteln, sondern auch in pflanzlichen Textilfasern vor (Baumwolle!). Auf diese Weise belasten sie den Körper über die Haut. *Holzschutzmittel* werden ursächlich mit Reaktionen von Haut- und

Schleimhaut wie Ausbruch oder Verschlimmerung von Neurodermitis in Verbindung gebracht.

Viele solcher Umweltgifte sind *inhalative Allergene,* d. h. sie werden über die Atmungsorgane aufgenommen. Ihnen erfolgreich auszuweichen, ist nicht immer durchführbar. Trotzdem sollten Sie versuchen, die Risiken zumindest in Ihrem häuslichen Bereich einzuschränken (nicht rauchen; Farben, Lacke und Holzschutzmittel entsprechend auswählen).*

Wir empfehlen, die individuelle Situation des an Neurodermitis Erkrankten mit einem (vorzugsweise *ganzheitlich* behandelnden) Arzt zu erarbeiten.

Ebenfalls sollte mit Hilfe des Arztes per mikrobiologischer Stuhluntersuchung geklärt werden, ob eine Störung der Darmflora („Dysbiose") vorliegt.

Darm-Dysbiosen sind oftmals gekoppelt mit der Bildung toxischer Substanzen. Bei Personen mit allergischem Asthma bronchiale oder Neurodermitis kommt es dadurch zur Verschlimmerung der Symptome. (Vgl. dazu auch *H. F. Herget* in „Praxisleitfaden Naturheilkunde", 1993.)

Laut *Herget* haben insbesondere Pilzinfektionen durch pathogene Candida-Arten in den vergangenen Jahren allgemein zugenommen. Aus unserer persönlichen Erfahrung mit Neurodermitikern können wir sagen, daß mikrobiologische Stuhluntersuchungen von Neurodermitikern häufig Infektionen durch Candida albicans ergaben. Wird eine Dysbiose vom Arzt diagnostiziert, so ist die konsequente Durchführung einer entsprechenden Therapie (u. a. mit „Anti-Pilz-Diät" und Symbioselenkung) unbedingt notwendig.

Weiterhin sind für den Neurodermitiker im Bereich der Ernährung die toxische Belastung von Nahrungsmitteln und allergische/ pseudoallergische Reaktionen auf Nahrungsmittel von Bedeutung. Die Auslöser sind vielfältigster Art.*

---

* Vgl.: H. Scharrel in "Praxisleitfaden Naturheilkunde", 1993

Am häufigsten tritt – zumindest im Kindesalter – eine Allergie gegen Kuhmilch und/oder gegen Hühnereiweiß auf.

Von den Eiweißstoffen in der Kuhmilch haben besonders folgende eine allergene Bedeutung:

Tabelle 1:
Allergene der Kuhmilch (aus: „Krank durch Ernährung?", Mosaik-Verlag, 1990)

Allergene der Kuhmilch	Empfindlichkeit gegen Temperaturerhöhung
Rinderserum-Albumin	hitzelabil
Rinderserum-Gammaglobulin	hitzelabil
Alpha-Laktoglobulin	zerstörbar nach Erhitzen auf 100 °C
Beta-Laktoglobulin	hitzestabil
Kasein	hitzestabil

Die ersten drei Allergene können durch Abkochen zerstört werden. Beta-Laktoglobulin ist das aggressivste und wichtigste Allergen der Kuhmilch und läßt sich – wie Kasein – nicht durch Erhitzen zerstören. Auch wird die Allergenität von Beta-Laktoglobulin nicht geschwächt durch eiweißspaltende Enzyme (Joghurt, Quark)! Beta-Laktoglobulin ist auch die Eiweißfraktion, die beim voll gestillten Säugling für ein atopisches Hautbild verantwortlich gemacht wird.

Ist die Sensibilität beim Kind nicht so stark ausgeprägt, kann es ohne weiteres sein, daß geringe Mengen von Milch und Milchprodukten ohne Symptome vertragen werden. Bei hohem Sensibilisierungsgrad ist das Prinzip der Diät – nämlich Weglassen von Kuhmilch und daraus hergestellten Produkten – einfach, die Durchführung und Einhaltung jedoch sehr schwer. Hinweise auf Milch und Milchbestandteile gibt die Zutatenliste auf der Verpackung der eingekauften Ware, die immer sorgfältig gelesen werden sollte. Fragen Sie bei Brot oder Brötchen Ihren Bäcker nach den Zutaten. Es ist erstaunlich, worin überall Milcheiweiß vorkommt!

Im übrigen weiß man heute, daß der Verzehr von Kuhmilch die Bereitschaft für Allergien und Nahrungsmittelunverträglichkeiten allgemein erhöht. (Vgl. dazu *Bruker* in „Die Deckung des Eiweißbedarfs" und „Das Allergie-Problem", Emu-Verlag sowie *Stemmann*, 1987.)

Als Ersatz für Kuhmilch kann Ziegen-, Schafs- oder Stutenmilch versucht werden, die häufig verträglich sind, weil sie eine andere Eiweißzusammensetzung aufweisen als Kuhmilch.

Leider ist es nicht möglich, für Neurodermitiker eine Pauschaldiät wie z. B. für Diabetiker zu empfehlen, da bei jedem Betroffenen individuelle Unverträglichkeiten vorliegen.

Es hat sich jedoch gezeigt, daß manche Lebensmittel fast immer oder häufig nicht vertragen werden. Dazu gehören: Kuhmilch, Hühnereier, Fisch, Schweinefleisch, Zwiebeln, Knoblauch, Paprika, Tomaten, Sellerie, Zitrusfrüchte, Ananas, Kaffee, Kakao, Schwarztee, raffinierter Zucker, Nüsse sowie scharfe Gewürze und Gewürzmischungen, Zusatzstoffe wie Farbstoffe, Konservierungsmittel und Glutamat.

In der Auswahl unserer Rezepte orientieren wir uns daran, wobei betont werden muß, daß *jedes* Lebensmittel potentiell unverträglich sein kann und es immer einer individuellen Testung bedarf. Im übrigen kommt es gar nicht so selten vor, daß auch Möhren, Kartoffeln, Weizen, Roggen und Hefe unverträglich sind!

Für den akut Kranken empfehlen wir eine mindestens vierwöchige gänzlich tierisch-eiweißfreie Ernährung, unter Umständen sogar ausschließlich Rohkost. (Vgl. dazu *Spiller*, 1988/2 und 1992/1).

Es folgt eine behutsame Umstellung auf eine rohkostbetonte vollwertige Ernährung, wobei individuelle Unverträglichkeiten weiterhin berücksichtigt werden müssen.

Aus unserer Erfahrung können wir ableiten, daß schon vielen Neurodermitikern die Einhaltung einer ausgewogenen Vollwertkost ohne Kuhmilch und deren Produkte sowie ohne Hühnereiweiß und Fisch genügte, um Linderung der Symptome zu erzielen. Noch bessere Ergebnisse wurden erzielt, wenn darüberhinaus die übrigen oben angeführten Lebensmittel und Zusatzstoffe gemieden wurden. Unter Einhaltung dieser Diät konnten die meisten Neurodermitiker auf nervenaufreibende Suchdiäten verzichten und sich relativ streßfrei ernähren. Davon profitierten auch ihre Familien.

Daher ziehen wir eine rohkostbetonte Vollwerternährung der reinen Rohkost wie auch der total „totgekochten" Nahrung vor – beide Richtungen werden in Kliniken mit Erfolg praktiziert – und empfehlen jedem, sich bzw. seine Kinder genau zu beobachten, um eventuelle Unverträglichkeiten herausfinden zu können (Tagebuch!).

Dabei sollte die Diät nicht schlimmer als die Krankheit sein, um die Lebensqualität nicht allzu stark einzuschränken.

Denken Sie in diesem Zusammenhang auch an mögliche Kreuzallergien. Aufgrund einer Ähnlichkeit der allergenen Struktur von z.B. Birkenpollen und Äpfeln kann es bei einem Birkenpollen-Allergiker einerseits zur Verstärkung der typischen Symptome während des Pollenfluges kommen, andererseits kann allein der Verzehr von Äpfeln außerhalb der Pollenflugzeit Beschwerden der verschiedensten Art hervorrufen.

Auch muß man in Erwägung ziehen, daß z.B eventuell Kartoffeln nicht vertragen werden, wenn Beschwerden nach dem Genuß von Tomaten festgestellt wurden. Der Grund hierfür liegt in dem engen verwandtschaftlichen Verhältnis von Tomate und Kartoffel zueinander: Beide sind Nachtschattengewächse!

Ein langfristiges, konsequentes Meiden eines Allergens kann zu einer anschließenden dauerhaften Verträglichkeit führen. Nach etwa einem Jahr, frühestens einem halben Jahr Karenzdiät (d.h. Weglassen eines oder mehrerer Lebensmittel) kann die Testung des gemiedenen Lebensmittels vorgenommen werden.

Testen Sie immer nur *ein* Lebensmittel, nehmen Sie wenig davon zu sich, und warten Sie fünf Tage, bis Sie einen weiteren Test durchführen! Bei Milchunverträglichkeit beginnen Sie mit gesäuerten Milchprodukten wie Joghurt und Quark oder sehr fetthaltigen Milchprodukten, z.B. Butter, Sahne, „Mascarpone", bei Ei-Unverträglichkeit mit Eigelb.

Wichtig:
Gerade nach einer Karenzdiät kann es beim Probeessen zu sehr heftigen Reaktionen, im Extremfall zu einem allergischen Schock kommen. Nehmen Sie deshalb von den zu testenden Lebensmitteln anfangs nur kleinste Mengen, oder reiben Sie diese vorher probeweise auf die Haut des Unterarmes oder um den Mund herum. Oder machen Sie den Unterzungentest: Stellen Sie von dem zu testenden Lebensmittel einen sehr dünnen Brei her, und geben Sie zwei bis drei Tropfen davon unter die Zunge. Warten Sie einige Minuten. Falls es sich bei dem getesteten Lebensmittel für Sie um ein Allergen handelt, stellen sich Mißempfindungen ein (Juckreiz, Unruhe, Kopfschmerzen). Spülen Sie den Mund sofort aus, und warten Sie mit dem Testen des nächsten Lebensmittels, bis die Symptome abgeklungen sind. Drastische Reaktionen sind bei allen Testungen glücklicherweise sehr selten.

Wir beschränken uns in diesem Buch lediglich auf die positive Beeinflussung der Erkrankung durch eine geeignete Ernährungsumstellung, wollen jedoch nicht versäumen, darauf hinzuweisen, daß auch Umwelteinflüsse, persönliche Lebensgestaltung und Psyche eine große Rolle spielen können (vgl. *Flade*, 1990). Um Ursachen aus diesen Bereichen aufzuspüren, sind u.a. Gespräche in Selbsthilfegruppen oft sehr hilfreich.

3.1 Probleme und deren Lösungsmöglichkeiten bei Neurodermitis in Schwangerschaft und Stillzeit

Oft wird die Frage gestellt: Ist es sinnvoll – etwa weil Familienangehörige Atopiker sind –, sich vorbeugend während der Schwangerschaft und Stillzeit allergenarm zu ernähren?

Eine schwedische Studie hat gezeigt, daß eine allergenarme Kost (nicht tierisch-eiweißfrei, sondern weniger als 200 g Milchprodukte pro Tag, zwei Eier pro Woche und Calcium-Substitution) ab der 28. Schwangerschaftswoche bei den Kindern keine Unterschiede ergab zur Vergleichsgruppe werdender Mütter, die keine Diät erhielt.

Fazit:

– Entweder kann man durch eine Diät während der Schwangerschaft das Risiko für eine Atopie nicht verringern,

– oder es sind bereits geringe Allergenmengen ausreichend für eine Sensibilisierung.

In Kanada hat man eine Untersuchung gemacht an stillenden Müttern, die bereits ein atopisch veranlagtes Kind hatten. Die eine Hälfte ernährte sich konventionell, die andere Hälfte *ohne* Milchprodukte, Eier, Fisch, Rindfleisch, Erdnüsse, aber mit Calcium und eisenhaltigen Vitaminpräparaten.

Ergebnis:

Von 35 gestillten Kindern, deren Mütter sich in der Ernährung einschränkten, entwickelten 5 ein Ekzem (Kontrollgruppe mit normaler Ernährung: 11 von 36 ein Ekzem). Von 20 Kindern, die teilweise eine Milchfertignahrung erhielten, entwickelten 12 ein Ekzem (Kontrollgruppe, die ausschließlich ein Fertigprodukt verabreicht bekam: Von 18 entwickelten 13 ein Ekzem).

Fazit:

Stillen wirkte sich auf jeden Fall positiv aus. Wenn zudem eine allergenarme Diät von der stillenden Mutter eingehalten wurde, war der Prozentanteil der Kinder mit Ekzem deutlich geringer als bei den Kindern, die nicht oder nur teilweise gestillt wurden.

Keine Antwort gibt es auf die Frage, weshalb offensichtlich trotzdem Allergene in der Muttermilch vorhanden waren, sich also Ekzeme bei den Säuglingen entwickelten, obwohl diese Mütter sich anscheinend allergenarm ernährten.

Waren *andere Allergene* oder *andere Faktoren* für die Entstehung eines Ekzems verantwortlich?

Zwar hat die schwedische Studie keinen Unterschied zur Vergleichsgruppe ergeben; in Anbetracht eines möglichen unterschiedlichen Sensibilisierungsgrades wäre eine entsprechende Diät eventuell aber doch zu überlegen.

Wie die Untersuchung in Kanada gezeigt hat, ist Stillen auf jeden Fall empfehlenswert (einschlägige Literatur rät aus vielen Gründen zum Stillen!). Sechs Monate sollte unbedingt gestillt werden.

Mit dem Zufüttern von anderen Lebensmitteln sollte man so spät wie möglich beginnen, um einer frühzeitigen Sensibilisierung vorzubeugen.

Man bedenke: Der Säugling bekommt die Nährstoffe über die Muttermilch aufbereitet und "gefiltert". Wird nicht mehr gestillt, wird er mit einem Male bombardiert mit Allergenen über direkt zugeführte Nahrung! Frühestens ab dem fünften Lebensmonat kann man das Zufüttern empfehlen.

Man sollte nicht der allgemeinen Empfehlung entgegenkommen und Gemüse und/oder Obstsäfte ab der sechsten Lebenswoche zufüttern. Die Muttermilch enthält alles, was der Säugling benötigt, sie paßt sich in einem gewissen Rahmen sogar den Bedürfnissen des Säuglings an. Lediglich ein Vitamin-D-Präparat kann von Nutzen sein (besonders im Winter).

Unsere Empfehlung, wenn ein Kind in einer Atopikerfamilie erwartet wird:

Da während der Schwangerschaft eine Ernährung ohne Eier, Fisch und Milchprodukte eine große Gefahr der Mangelernährung beinhaltet, würden wir eine Diät nur empfehlen, wenn eine eingehende Ernährungsberatung gewährleistet ist, wobei auf Eier und Fisch leichter verzichtet werden kann als auf Milchprodukte. Im übrigen könnte man ja mit einer anderen Tiermilch die Ernährung gestalten, z.B. mit Ziegenmilch. Auch reinen Ziegenkäse gibt es im Reformhaus/Naturkostladen zu kaufen.

Bezüglich Fleisch würden wir empfehlen: auf keinen Fall Schweinefleisch und daraus hergestellte Produkte. Fleisch von anderen Tieren, die artgerecht gehalten wurden, höchstens ein- bis zweimal pro Woche. Vorsicht vor Nitritpökelsalz!

Weitere Empfehlungen für die stillende Mutter:

- eisenhaltiges Vitaminpräparat (Reformhaus),
- regelmäßiger Verzehr von Keimen und Sprossen, um den vermehrten Vitamin- und Mineralstoffbedarf zu decken,
- Calcium-Substitution,
- wo irgend möglich, Hirse, Sesam und Amaranth für Gerichte verwenden,
- „Aufbaukalk" (von Weleda) fördert die Aufnahme des in der Nahrung angebotenen Calciums.
- Verringerung des Körpergewichtes setzt die im Körperfett gespeicherten Schadstoffe frei. Über die Muttermilch werden sie dem Säugling zugeführt. Deshalb: Kalorienbedarf beachten!

Mütter über 30 Jahre sollten die bei den Gesundheitsämtern kostenlos angebotenen Untersuchungen der Muttermilch in Anspruch nehmen und ggf. die Stillzeit nach einem Vierteljahr beenden, um nicht den Säugling weiterhin der „Entsorgung" über die Muttermilch auszusetzen.

Tritt beim Säugling während des Stillens Neurodermitis auf, wird der Mutter dringend empfohlen, ihre Ernährung umzustellen. Da in der Ratlosigkeit der ersten Phase wahrscheinlich die Ernährung arm an Calcium sein wird, ist anzuraten, 500 mg/Tag zu substituieren.

Ist bei einem Säugling in einer Atopiker-Familie Säuglingsfertignahrung erforderlich, weil z.B. die Mutter nicht stillen kann oder weil vorzeitig (d.h. vor dem 5. Lebensmonat) abgestillt werden muß, so wird eine sog. Hydrolysat-Nahrung (Semi-Elementardiät) empfohlen (siehe dazu Tabelle 2). Hierbei handelt es sich um Fertignahrungen auf der Basis von Kuhmilch-, Soja- oder Rinderprotein. Jedoch sind die Proteine durch enzymatische Behandlung so weit aufgespalten, daß sie kaum mehr eine allergene Wirkung aufweisen.

Tabelle 2:
z. Zt. im Handel befindliche Voll-Hydrolysat-Nahrungen
(verändert aus: „Krank durch Ernährung", Mosaik Verlag, 1990).

Produkt	Firma	Ausgangsprodukt für die Hydrolyse (= Aufspaltung)
Alfaré	Nestlé	Molkeprotein
Nutramigen	Mead Johnson	Kasein
Pregomin	Milupa	Sojaeiweiß, Rinderprotein
Pregestimil	Mead Johnson	Kasein
Humana SL	Humana	Sojaeiweiß
Milupa SOM	Milupa	Sojaeiweiß
Multival Plus	Abbot	Sojaeiweiß
Sojagen plus	Granovita	Sojaeiweiß
Pro Sobee	Mead Johnson	Sojaeiweiß

„Humana SL" ist außerdem als Brei auf dem Markt, und von der Firma Nestlé wurde das Produkt „Sinlac" entwickelt, ein kuhmilch- und sojaeiweißfreier Brei.

Daneben gibt es eine Reihe von sog. hypoallergenen Fertignahrungen (H.A.-Fertignahrungen; siehe dazu Tabelle 3).

Auch hierbei ist die allergene Wirkung nur noch sehr gering, da durch ein spezielles Verfahren (Teil-Hydrolyse) die Proteine ebenfalls in Bruchstücke zerlegt werden. Allerdings sind diese Bruchstükke nicht ganz so klein wie bei den vorher beschriebenen Semi-Elementardiäten. So kann es in Abhängigkeit vom Aufspaltungsgrad des Kuhmilcheiweißes in Einzelfällen trotzdem zu einer Immunreaktion kommen, wenn es sich um Kinder mit einem hohen Sensibilisierungsgrad handelt.

Tabelle 3:
z. Zt. im Handel befindliche Teil-Hydrolysat-Nahrungen
(verändert aus: „Krank durch Ernährung", Mosaik Verlag, 1990).

Produkt	Firma	Ausgangsprodukt für die Hydrolyse (= Aufspaltung)
Beba H.A	Nestlé	Molkeprotein
Beba H.A. 2	Nestlé	Molkeprotein
Aletemil H.A.	Alete	Molkeprotein
Humana H.A.	Humana	Molkeprotein
Aponti Erstnahrung	Abbot	Molkeprotein
Aptamil Hypoantigen	Milupa	Molkeprotein, Kasein

Sowohl die hypoallergenen Fertignahrungen als auch die stärker hydrolysierten Semi-Elementardiäten sind für eine Allergie-Prophylaxe geeignet. Vorteile der H.A.-Nahrungen sind der nicht ganz so bittere Geschmack und der niedrigere Preis. Bei bereits diagnostizierter Kuhmilch-Allergie, bei hohem Allergie-Risiko und natürlich bei Unverträglichkeit der H.A.-Nahrungen ist jedoch auf jeden Fall eine Voll-Hydrolysat-Nahrung zu empfehlen.

Mit Molkehydrolysaten wurden neuere Untersuchungen durchgeführt. Säuglingen aus atopisch veranlagten Familien wurde prophylaktisch ein Molkehydrolysat verabreicht. Sie entwickelten weniger häufig Neurodermitis als Säuglinge, die mit Kuhmilch oder Sojamilch*-Präparaten ernährt wurden.

---

* Sojamilch ist ein wäßriger Sojabohnenextrakt, der aus gequollenen Bohnen hergestellt wird. Sie werden gemahlen und in einem Wasserüberschuß (10:1) 15-20 Minuten gekocht, anschließend wird der Überstand mit einem Tuch abgetrennt (*Belitz* und *Grosch* 1992, S. 688). Die so gewonnene Sojamilch dient in asiatischen Ländern vor allem für die Weiterverarbeitung zu Tofu (entnommen aus: *von Koerber, Männle, Leitzmann*, Vollwert-Ernährung-Konzepiten einer zeitgemäßen Ernährungsweise. 7., vollkommen neubearbeitete und erweiterte Auflage. Karl F. Haug Verlag · Heidelberg 1993)

Seit kurzem kann man eine Säuglingsfertignahrung, die auf Ziegen-milch-Basis hergestellt wird, im Handel erhalten („Golden Goat", siehe Produktliste). Eine gute Alternative, die eine Überlegung wert ist. Selbstverständlich ist hier als Gegenanzeige eine Allergie gegen Kasein anzumerken.

Und weshalb werden bei Kuhmilch-Unverträglichkeit nicht generell Sojaprodukte empfohlen? Sojaprotein wirkt ebenfalls stark allergen. Etwa 30 % (eine andere Studie spricht von 70 %) der Kinder, die Kuhmilcheiweiß nicht vertragen, reagieren auf Sojaeiweiß ebenfalls.

Auch die Milch anderer Tiere (Ziegen-, Schafs- und Stutenmilch) ist als Kuhmilchersatz geeignet unter der Voraussetzung, daß keine Allergie gegen die Eiweiß-Fraktion Kasein besteht; selbstverständlich abgekocht und erst nach dem 6. Lebensmonat und zu Beginn als Halb-, dann Dreiviertel- und schließlich als Vollmilch.

Speziell zur Ziegenmilch muß noch folgende Anmerkung gemacht werden: Der Folsäuregehalt der Ziegenmilch ist vergleichsweise sehr gering (ca. 800 Nanogramm/100 ml, vgl. Kuhmilch 6,7 Mikrogramm/100 ml); für Schafs- und Stutenmilch fanden wir selbst in der 5. Auflage von 1994 der Lebensmitteltabellen von *Souci/Fachmann/Kraut* keine Angaben über den Folsäuregehalt).

Da aber die Ernährung der Säuglinge nach dem 6. Lebensmonat nicht ausschließlich mit Ziegenmilch erfolgt, die Ziegen außerdem heutzutage gut genährt sind und nicht ausschließlich im Stall gehalten werden, gibt es keinerlei Bedenken hinsichtlich der Entstehung einer Megaloblastären Anämie (siehe dazu Klinische Hämatologie, *Begemann/Rastetter*, Thieme, 3. Auflage, 1986). Zudem sei an dieser Stelle erwähnt, daß Folsäure hitzelabil ist. So wird also auch in abgekochter bzw. pasteurisierter Kuhmilch der Folsäuregehalt gering sein. Selbstverständlich enthalten die Fertignahrungen, auch die Fertignahrungen auf der Basis von Ziegenmilch, eine adäquate Menge an Folsäure.

Häufigste Empfehlung:
Nur wenn Fertignahrungen auf Kuhmilchbasis nicht vertragen werden, auf Sojafertignahrung umsteigen, keinesfalls reine Sojamilch vor Vollendung des zweiten Lebensjahres verwenden!

Werden Hydrolysat-Nahrungen oder Ziegen-, Schafs- oder Stutenmilch verwendet, besteht keine Gefahr der Unterversorgung mit Eiweiß, Vitaminen, Mineralstoffen und Spurenelementen.

Die *reine* Sojamilch der meisten Hersteller enthält sehr wenig Calcium, und auch andere Mineralstoffe und Spurenelemente sind nicht in ausreichender Menge vorhanden, Eiweiß jedoch ist reichlich enthalten.

Werden keine Fertignahrungen und keine andere Tiermilch verwendet, besteht die Gefahr der Unterversorgung mit Calcium, Eisen, Jod, Vitamin B12 , Vitamin A, evtl. Vitamin D und, falls auch keine Sojamilch benutzt wird, mit Eiweiß. Die Vitamin C-Zufuhr ist gesichert durch Äpfel, Birnen und Bananen; vitaminisierte Säfte sind überflüssig. Sprechen Sie gegebenenfalls mit Ihrem Arzt über dieses Problem!

Fleisch ist nicht erforderlich, wenn andere stark eisenhaltige Lebensmittel (z. B. Hirse, Sesam, Sonnenblumenkerne) in Verbindung mit Vitamin C (d. h. mit Obst) verabreicht werden. Sehr abwechslungsreiches Essen ist für den Säugling noch nicht von Bedeutung; im Gegenteil, im Hinblick auf eine mögliche Allergieentwicklung ist eine große Lebensmittelvielfalt zu vermeiden.

3.2 Probleme und deren Lösungsmöglichkeiten bei Neurodermitis im Kleinst- und Kleinkindalter

Solange ausschließlich mit Stillen oder Fläschchen ernährt wird, sind die Probleme für die Ernährung des Kindes gering. Schwieriger wird es dann schon, wenn die ersten Breie gekocht werden sollen. Aber da ja mit den Zusatzmahlzeiten *allmählich* begonnen wird, werden Sie in diese neue Herausforderung hineinwachsen, und schon nach kurzer Zeit werden Sie es nicht mehr als große Belastung empfinden, auf „Gläschennahrung" verzichten zu müssen.

Wenn Sie belächelt werden, weil Ihr Kind noch immer gerne eine Flasche trinkt und die anderen Kinder gleichen Alters schon lange keine mehr mögen, dann lassen Sie sich bitte nicht beirren: Ihr Kind ist bestens versorgt mit Calcium, Vitaminen und Spurenelementen.

Im folgenden lesen Sie einige Erfahrungen, die eine von uns Müttern, Mitautorin Freimuth-Krämer, mit ihrem Sohn *Johannes,* geboren im Dezember 1989, während seines Kleinst- und Kleinkind-alters machte:

Auch mit 3 Jahren bekam Johannes morgens und abends noch eine Flasche, entweder „Beba HA" oder Ziegenmilch mit drei Meßlöffeln Reisschleim („Bessau", Apotheke).

Da es meistens sehr aufwendig ist, Ziegenmilch zu beschaffen, empfehle ich folgende Methode zur Bevorratung, die sich in meiner Familie bewährt hat:

Wir holen so viel Milch beim Bauern, wie an einem Tag gemolken wurde (ca. 10 l) und kochen sie, auf zwei oder drei Töpfe verteilt, ab. Dann füllen wir die Milch, portioniert für zwei bis drei Tage, in Tiefkühlbehälter und frieren sie ein.

Die aufgetaute Ziegenmilch muß nur noch leicht erwärmt werden und ist dann gebrauchsfertig für Fläschchen oder Brei. Während der Monate November bis März gibt es keine frische Ziegenmilch, so daß man beizeiten für Vorrat sorgen muß. Gelegentlich kann man in Naturkostläden auch pulverisierte Ziegenmilch kaufen.

Auf Getreideprodukte mit Weizen verzichtet man vorsichtshalber bis zum 12. Lebensmonat. Die im Weizen enthaltene Glutenart würde den ohnehin bereits irritierten Darm unnötig belasten. Am besten eignen sich vorerst glutenfreie Getreidearten wie Reis, Mais und Hirse. Ab dem achten Monat etwa kann man langsam mit Dinkel und Gerste beginnen, die zwar glutenhaltig sind, deren Gluten aber offensichtlich vom Körper besser toleriert wird als das des Weizens (vgl. Spiller, 1988).

Zur Eiweißanreicherung kann jedem Brei Amaranth*⁾ beigefügt werden. Amaranth hat zudem den Vorteil, daß aus seinem Eiweiß keine sauren Stoffwechselprodukte entstehen.

Noch ein Tip zum Breikochen:

Sie möchten einen Brei aus mit Wasser gekochtem Getreide oder aus Getreideflocken kochen: Fläschchen zur Hälfte mit heißem Wasser füllen (Thermoskanne) und so viel Flaschenfertignahrung (z.B. „Beba HA") zufügen wie für diese Wassermenge angegeben ist. Gut mischen und in das gekochte Getreide einrühren, noch ein Teelöffel Mandelmus dazu – fertig! Der Brei kann pur oder mit Obst gegeben werden.

Solange die Zahnung noch nicht abgeschlossen ist, werden sich ständig Besserung und Verschlechterung der Haut abwechseln. Das darf Sie bei Ihrem detektivischen Vorgehen in der Nahrungsauswahl nicht entmutigen.

Um das Nahrungsangebot für das Kind nicht unnötig einzuschränken, weil plötzlich ein Ekzem auftrat, empfehlen wir dringend, ein tabellarisches Tagebuch zu führen, in das Sie jeden Tag eintragen, was gegessen wurde, wie die Haut aussah und was es sonst noch Bemerkenswertes gab – z.B. eine ausgedehnte Autofahrt, ein wunder Po, erhöhte Temperatur, Tiere gestreichelt – um nur einiges zu nennen.

Zwar hat die Ernährung gerade bei atopisch veranlagten Kindern eine große Bedeutung, aber auch andere Faktoren nehmen Einfluß

---

*⁾ Warenkunde s. S. 243

auf das Hautbild. Ihre täglichen Aufzeichnungen können eine wertvolle Hilfe sein.

Bedenken Sie: Jeder Infekt, jeder einschießende Zahn, jede Impfung, jede Streßsituation belastet das Immunsystem, so daß sich das Hautbild dadurch verschlechtern kann.

Bis zum 18. Lebensmonat sah bei unserem Sohn die Ernährung etwa so aus:

morgens: *Flasche*
vormittags: *Obst oder Flasche*
mittags: *Gemüsebrei und Obst*
                     (manchmal mit Getreidezusatz)
nachmittags: *Getreidebrei mit Obst*
abends: *Grießbrei und Flasche*
zwischendurch: *Apfel, Birne, Reiswaffel, Brot, Dinkelvollkornstangen, Brötchen, Maiswaffelbrot.*

Dann kam eine Zeit, die mich vor eine neue Schwierigkeit stellte: Unser Sohn verweigerte plötzlich jegliches Gemüse.

Was tun? Es ist mir gelungen, ihn zu überlisten. Ich habe Zucchini, Möhren oder Fenchel knapp gar gedünstet, habe etwas gemahlenen Reis darübergestreut, umgerührt und nach ca. 10 minütiger Quellzeit das Ganze mit dem Pürierstab püriert. Noch etwas Öl und Salz dazu – fertig war die Soße für Nudeln, Kartoffeln oder Reis. Er aß und ißt mit Begeisterung Nudeln mit roter Soße oder Reis mit grüner Soße.

Der Speiseplan wurde dann mit zwei Jahren durch Bratlinge, gedünsteten Weißkohl, grüne Bohnen, verschiedene Suppen, verschiedene Kartoffelgerichte erweitert.

Am Abend gab es nun Ziegenkäse und Brot mit Margarine statt Brei und ab 2 1/2 Jahren auch vegetarische Brotaufstriche (ohne Milch, Ei, Tomate, Paprika).

Ab und zu gab es ein selbstgemachtes Hefegebäck oder selbstgebackene Plätzchen und einen Hauch Marmelade oder Honig auf das Brot.

Seit Johannes' zweitem Lebensjahr wird auch mal *reine* Sojamilch zum Kochen verwendet, etwa für Milchreis und Carobpudding.

Mittlerweile kann er einen großen Teil dessen, was auf den Tisch kommt, essen, d.h. wir haben uns seiner Ernährung angepaßt, und ich koche so, daß alle das gleiche essen oder daß sein Essen ein Teil von unserem ist. Ich verwende keine Eier, keine Kuhmilch und keine Sahne, und es schmeckt uns trotzdem.

3.2.1 Ihr Kind im Krankenhaus

Ist für Ihr Kind ein Krankenhausaufenthalt unumgänglich, dann geraten Sie deswegen bitte nicht in Panik. Auch hier wird sich die Ernährung so gestalten lassen, daß die bisherigen Ernährungsgewohnheiten, zumindest zum größeren Teil, beibehalten werden können.

Weisen Sie gleich zu Beginn auf der Station auf die atopische Veranlagung Ihres Kindes und seine individuelle Ernährungsweise hin, und bieten Sie Ihre Unterstützung an.

Für einen geplanten Krankenhausaufenthalt von 2-3 Tagen können wir Ihnen folgende Anhaltspunkte geben:

Im Falle des damals 2 3/4 jährigen Johannes reichte es aus, daß die Mutter vorsorglich Brot, Margarine, Ziegenkäse, pulverisierte Ziegenmilch bzw. die geeignete Säuglingsfertignahrung, eine Thermoskanne für heißes Wasser, Zwieback, Reiswaffeln und Streuwürze mitnahm, außerdem Bratlinge und ein süßes Reisgericht für zwei Hauptmahlzeiten.

Mineralwasser, Kühlschrank und die Möglichkeit, etwas aufzuwärmen, gibt es sicherlich auf jeder Station. Fragen Sie einfach danach.

Kennzeichnen Sie alle mitgebrachten Lebensmittel, um Verwechslungen auszuschließen, mit dem Namen Ihres Kindes.

Johannes' Mutter stellte damals übrigens fest, daß im Rahmen eines jeden Mittagessens, das auf der Station ausgeteilt wurde, immer Kartoffeln und mindestens *ein* gedünstetes Gemüse gereicht wurden. Aus diesen Gemüsen und den eigenen mitgebrachten Lebensmitteln lassen sich bestimmt einfache Mahlzeiten kombinieren, so daß Sie Ihr Kind also für ca. 3 Tage leicht versorgen können.

Muß Ihr Kind (z.B. aufgrund eines Knochenbruches) für *mehrere Tage oder gar Wochen im Krankenhaus* bleiben, dann stimmen Sie die Ernährung mit dem behandelnden Arzt und den Schwestern auf der Station ab. Letztere werden gerne Ihre speziellen Wünsche (bitte schriftlich abgefaßt!) an die Klinikküche weiterleiten. Fassen Sie außerdem einen kurzen Kostplan ab, den die Schwestern als Erinnerungshilfe in der Stationsküche gut sichtbar deponieren können.

Läßt sich die – im Einzelfall manchmal sehr individuelle – Verpflegung Ihres Kindes durch die Klinikküche nicht ermöglichen, so bieten Sie an, möglichst täglich die geeigneten Mittagsmahlzeiten auf die Station zu liefern. Das ist zwar sehr aufwendig und anstrengend, aber durchführbar, wie wir aus eigener Erfahrung wissen. Außerdem können Sie dann auch gleich Ihrem Kind beim Essen Gesellschaft leisten.

3.3 Probleme und deren Lösungsmöglichkeiten bei Neurodermitis im Kindergartenalter

Mit dem Eintritt in den Kindergarten wird das Kind für einige Stunden aus der häuslichen Obhut und Aufsicht entlassen; es wird zunehmend selbständiger und auch selbstsicherer. Oft wirkt sich diese Veränderung auch positiv auf die Haut aus.

Im Kindergarten, bei Kindergeburtstagen und ähnlichen Festen ist das Kind oft der Versuchung von nicht erlaubten Süßigkeiten ausgesetzt.

Es ist daher unumgänglich, die Erzieherin im Kindergarten und die Eltern der Freunde Ihres Kindes darüber zu informieren, was Ihr Kind essen darf und was nicht.

Sprechen Sie das Problem „Naschen" auch ruhig einmal auf einem Elternabend an; in manchen Kindergärten wird es sowieso nur noch zu besonderen Gelegenheiten erlaubt, und die meisten Eltern sind gerne bereit, am Kindergeburtstag neben den üblichen Kuchen und Süßigkeiten einen Obstteller zu reichen. In unserer Kindergarten-gruppe wird dieser Teller – egal wie voll er war – immer leer, und das Geburtstagskind freut sich, seinem „Neurodermitis-Freund" auch etwas anbieten zu dürfen. Nach unserer Erfahrung nehmen die „gesunden" Kinder erstaunlich viel Rücksicht auf die Neurodermitiker, das geht z.T. so weit, daß diese z.B. beim Frühstück genauestens „interviewt" werden, was sie essen dürfen und was nicht und daß sogar von größeren Kindern eine regelrechte Aufsicht ausgeübt wird.

Für alle Fälle ist es gut, im Kindergarten eine „Naschkiste", gefüllt mit erlaubten Leckereien, zu deponieren, aus der dann die Erzieherin zu bestimmten Gelegenheiten Nascherein an Ihr Kind geben kann – Ihr Kind hat dadurch nicht das Gefühl, so oft „verzichten" zu müssen.

Falls Sie als Mutter an den Wiedereinstieg in den Beruf denken und Ihr Kind in die Obhut einer Tagesmutter geben, scheuen Sie sich nicht, Ihre „Diät-Rezepte" an die Tagesmutter zu geben. Das gleiche gilt für den Fall, daß Ihr Kind im Kindergarten/in der Kindertagesstätte verpflegt wird. Sprechen Sie mit der Küchenleitung, ob es die Möglichkeit einer Sonderregelung für Neurodermitis-Kinder gibt; denn meist wird Ihr Kind nicht ein Einzelfall sein.

Noch einige Worte zu der üblichen Geste des Süßigkeiten-Mitbringens von Besuchern: Erklären Sie Ihren Verwandten, Freunden, Nachbarn und Bekannten, was es für Ihr Kind bedeutet und was es für Folgen haben kann, wenn Ihr Kind von der Diät abweicht und z.B. Zuckersachen ißt. Bei der Festlegung der individuellen Diät für Ihr Kind sollten Sie als Eltern zunächst überlegen, wie krank Ihr Kind tatsächlich ist und welche Strenge einer Diät Ihrem Kind aufgrund seiner Persönlichkeit zugemutet werden kann (bei manch einem Kind z.B. führt eine zu strenge Diät dazu, daß es sich bei seinen Freunden oder mit seinem Taschengeld die „verbotenen" Nahrungsmittel heimlich und für Sie völlig unkontrollierbar „besorgt").

Andererseits müssen wir aber auch darauf hinweisen, daß das Einhalten einer bestimmten Diät über einen längeren Zeitraum erforderlich ist, damit Sie überhaupt beurteilen können, ob die Einschränkung in der Ernährung in Ihrem speziellen Fall positive Auswirkung hat. Lassen Sie deshalb sowohl Ihr Kind als auch Ihre Familie, Ihre Freunde, Nachbarn und Bekannte deutlich Ihre Konsequenz in diesem Punkte spüren.

In diesem Zusammenhang noch einige Anmerkungen zum Thema *Urlaub*: Solange Sie zu Hause leben, läßt sich die Diät nach einiger Übung ohne größere Probleme durchführen. Ganz anders sieht es aus, wenn Sie Ihre jährliche Urlaubsreise machen möchten: Sie können nicht davon ausgehen, daß an Ihrem Urlaubsort alle gewohnten und benötigten Lebensmittel jederzeit verfügbar sind. Informieren Sie sich rechtzeitig über die Möglichkeiten, die dennoch für Sie in Frage kommen („Handbuch für den gesunden Urlaub", Verlag Natürlich und Gesund, Stuttgart 1990/91; Inserate in den Zeitschriften des Naturkosthandels und der Reformhäuser; Empfehlungen durch Mitglieder von Selbsthilfegruppen).

3.4 Probleme und deren Lösungsmöglichkeiten bei Neurodermitis im Schulalter

Wenn Ihr Kind bereits die Schule besucht, so kann es in der Regel problemlos an den häuslichen Mahlzeiten teilnehmen, für die wir Ihnen in diesem Buch zahlreiche Vorschläge an die Hand geben.

Nun verbringt ein Kind im Laufe seiner Schulzeit jedoch zunehmend mehr Zeit *außerhalb* des Elternhauses. Damit läßt sich die Einnahme von 3 bis 5 Mahlzeiten am Familientisch oftmals nicht mehr gewährleisten. Sie sollten daher sicherstellen, daß Ihr Kind auch außer Haus die Ernährung im gewünschten Rahmen fortführen kann.

Für den normalen Schulalltag genügt es unserer Erfahrung nach, wenn Sie Ihrem Kind nach einem in Ruhe eingenommenen ersten Frühstück zu Hause eine appetitlich angerichtete, schmackhafte Pausenmahlzeit in Frischhalteboxen mitgeben. Auch ein Getränk läßt sich mitnehmen (siehe dazu das Kapitel „Frühstück").

Sprechen Sie zu Beginn des Schuljahres auf einem Klassenelternabend die "besondere" Ernährungsweise in Ihrer Familie an, und bitten Sie um Kooperation im Sinne der Klassengemeinschaft. Es ist nämlich schon hilfreich, wenn viele Klassenkameraden mit einem gesunden Pausenbrot in die Schule kommen, anstatt dem Neurodermitiker schon am Vormittag Süßigkeiten "vorzuessen". Zeigen Sie auf, welche Vorteile sich auch für die anderen Kinder ergeben: körperliches Wohlbefinden und Gesundheit. Sollte in Ihrer Schule *Schulmilch* ausgegeben werden, so regen Sie über die Elternvertretung an, zusätzlich *Sojagetränke* in ihren verschiedenen Geschmacksrichtungen auszugeben. In diesem Zusammenhang wäre zu überlegen, ob der Gesamtschülerschaft nicht auch gesunde *Pausenkost* in der Schule angeboten werden sollte als Ersatz für die schnelle Verpflegung aus dem Kiosk bzw. ein gemeinsames Frühstück innerhalb der Klasse stattfinden könnte.

Für kleinere besondere Anlässe im Schulalltag können Sie beim Klassenlehrer eine "Naschkiste" deponieren, die solche Leckereien enthält, welche Ihr Kind gut verträgt (Geburtstage, Nikolaustag, Adventszeit, Ostern).

Kommt Ihr Kind mittags hungrig aus der Schule heim, so wäre es ideal, wenn ihm das Mittagessen sogleich serviert werden könnte. Läßt sich das einmal nicht einrichten, so bereiten Sie am Vorabend einen Teil des Hauptgerichtes vor (z.b. Getreidegrütze, Kartoffeln für Salat, Eintöpfe). Während Sie das Gericht zu Ende bereiten, lassen Sie Ihr Kind etwas Rohkost aus der Hand knabbern und, wenn es möchte, von den Ereignissen des Vormittags berichten. Größere Kinder können sich ein vorbereitetes Gericht auch schon einmal selber zubereiten, wenn die entsprechenden Zutaten bereitgestellt sind.

Muß Ihr Kind *die Mittagszeit außer Haus* überbrücken, so geben Sie ihm am besten ein ausgewogenes *Lunchpaket* mit (Gemüse- und Obst- Rohkost, Vollkornbrot mit herzhaftem Belag; evtl. ein Getränk), und essen Sie dann frühzeitig gemeinsam zu Abend. Wenn Sie und Ihre Familie möchten, darf es durchaus ein warmes Gericht sein, das allerdings möglichst leicht gehalten sein sollte, um den Magen nicht zu belasten.

Für Schulausflüge und Sportveranstaltungen, die sich bis in den Nachmittag erstrecken, können Sie ebenfalls gut *Lunchpakete* mitgeben.

Klassenfeste, Schulfeste, "Projekttage", Weihnachtsfeiern:
Feste und Feiern im Rahmen der Schule sind meist mit der Verköstigung von Veranstaltern und geladenen Gästen verbunden. Erkundigen Sie sich bei den Verantwortlichen nach der Speisenzusammenstellung. Sorgen Sie dafür – möglichst in Zusammenarbeit mit gleichgesinnten Eltern – daß auch für Ihr Kind am Buffet etwas Schmackhaftes und Bekömmliches zur Verfügung steht. Kleine Hinweisschilder erleichtern das Auffinden der entsprechenden Speisen.

Häufiger werden im Rahmen des laufenden Schulunterrichts Speisen zubereitet, die anschließend auch von den Schülern verkostet werden. Setzen Sie sich mit den jeweiligen Lehrkräften in Verbindung, um geeignete Rezepte anzubieten, auf Wunsch Hintergrund-informationen zu geben und evtl. auch bei der praktischen Durchführung behilflich zu sein (z.B. Plätzchenbacken im Advent, Klassenfeste).

Steht das Fach „Hauswirtschaft" auf dem Stundenplan, so sprechen Sie rechtzeitig den betreffenden Fachlehrer an, damit er bei seinen Unterrichtsplanungen die besondere Situation Ihres Kindes berücksichtigen kann.

Mehrtägige Klassenfahrten:
Die richtige Verpflegung Ihres Kindes auf mehrtägigen Klassenfahrten ist leider nicht in jedem Fall zu garantieren. Trotzdem sollten Sie – in Zusammenarbeit mit dem Klassenlehrer – versuchen, einen Weg zu finden, der Ihrem Kind die Teilnahme an der Fahrt ermöglicht.

Gerade in den ersten Grundschuljahren führt die Klassenfahrt meist an einen Ort, der nur wenige Autostunden vom Schulort entfernt liegt.

Erkundigen Sie sich zunächst nach der im Schullandheim bzw. der Jugendherberge üblichen Verpflegung, und prüfen Sie durch ein Gespräch mit der Heimleitung, inwieweit Sie von dieser Seite Unterstützung erwarten dürfen.

Stellen Sie fest, was Sie darüberhinaus für Ihr Kind organisieren müssen.

Setzen Sie sich schriftlich mit der Küchenleitung in Verbindung, und äußern Sie Ihre Wünsche und Vorstellungen. Danach klären Sie die Durchführbarkeit dieser Wünsche in einem persönlichen, notfalls telefonischen Gespräch mit der Küchenleitung ab. Zur Sicherheit können Sie einen kurzgefaßten Kostplan für Ihr Kind aufstellen und an die Küchenleitung senden („Spickzettel" in der Küche als tägliche Erinnerung!).

Besteht die Möglichkeit, vorgefertigte Menüs dort tiefgekühlt zu lagern, dann kochen Sie zu Hause die entsprechende Anzahl warmer

Mahlzeiten vor und liefern diese dort ab. Ebenso können Sie Brot, Brotaufstriche und -beläge, ggf. auch Naschereien dort deponieren. Kennzeichnen Sie alles mit dem Namen Ihres Kindes.

Wahrscheinlich wird Ihr Kind während des Aufenthaltes nicht ganz so gut verköstigt sein wie zu Hause, das ist unserer Ansicht nach jedoch angesichts der Vielzahl von Erlebnissen auf solchen Fahrten zweitrangig. In der Folgewoche zu Hause können Sie betont roh-kostreich ernähren und ausgleichen, was zuvor etwas zu kurz kam.

Fährt Ihr Kind mit seinen Klassenkameraden auf einen Bauernhof mit *Selbstversorgung* durch Lehrer und Eltern, stimmen Sie die Verpflegung mit den Begleitpersonen ab. Zugrunde legen können Sie in diesem Falle einfach Rezepte aus diesem Buch. Beim Einkauf der benötigten Lebensmittel sollten Sie sicherheits- und der Einfach-heit halber behilflich sein.

Außerhalb der Schulzeit trifft sich ein Schulkind zunehmend oft mit anderen Kindern. Stellen Sie Kontakte zu den Familien dieser Kinder her, bitten Sie auch hier um Verständnis. Erfahrungsgemäß ist die Resonanz durchweg positiv; anfängliches Zögern bei Men-schen, die mit Neurodermitis nicht so vertraut sind wie Sie, beruht meist auf der Angst, etwas falsch zu machen. Nehmen Sie ihnen diese Angst, indem Sie Informationen geben und praktischen Rat erteilen.

Laden Sie die Freunde Ihres Kindes öfter einmal zum Essen ein, und sorgen Sie auch hier für das Gefühl der Zusammengehörigkeit.

Wird Ihr Kind von Freunden zur *Geburtstagsfeier* eingeladen, erkundigen Sie sich bei den Eltern des Geburtstagskindes danach, wie das Fest gestaltet werden soll. Sagen Sie den Eltern, was Ihr Kind essen und trinken darf, und bieten Sie an, z.B. einen Geburtstags-kuchen zu backen, von dem *alle* Kinder essen dürfen. Sollten auf dem Fest überwiegend solche Speisen angeboten werden, die Ihr Kind überhaupt nicht verträgt, empfehlen wir folgendes: Bringen Sie in einem Körbchen „Ersatzprodukte" mit, die den Standard-produkten möglichst ähneln. Ihr Kind ißt in diesem Fall zwar separat, doch fällt das den Kindern kaum auf. Das klappt nicht nur mit

Gummibärchen und Salzstangen, sondern z.B. auch mit Keksen, Kuchen, Eis, Pudding, Kartoffel- und Nudelsalat. Und Sie als Eltern können Ihr Kind beruhigt feiern lassen!

Im übrigen sollten Sie sich bei einem Kind im Schulalter tatsächlich darauf beschränken, ihm den Weg zur einfachen Durchführung seiner Ernährungsform zu ebnen. Nehmen Sie ihm keinesfalls das Denken und Handeln im Punkte „Ernährung" völlig ab. Ihr Kind muß schrittweise in die *Eigenverantwortung* für seinen Körper und seine Person geführt werden. Inwieweit Sie Ihrem Kind diese Verantwortung schon zutrauen können, hängt natürlich u.a. stark von seiner Persönlichkeit und der Strenge seiner Diät ab. Binden Sie Ihr Kind so frühzeitig wie möglich in die tägliche Nahrungsauswahl, -beschaffung und -zubereitung ein. Erklären Sie ihm in einfachen Worten, worauf es bei seiner Ernährung achten muß, und lassen Sie es im Haushalt bei der Speisenzubereitung mithelfen. So wird Ihr Kind in die Selbständigkeit und Eigenverantwortung hineinwachsen.

3.5 Probleme und deren Lösungsmöglichkeiten bei Neurodermitis im Pubertätsalter

Haben wir Ihnen im vorigen Kapitel angeraten, bereits Ihr jüngeres Kind im Schulalter schrittweise in die Selbstverantwortung für seinen Körper zu führen, so gilt dies um so mehr für das ältere Kind, den Heranwachsenden, den Jugendlichen.

Tritt die Neurodermitis erstmals im Pubertätsalter auf, so kann das für den Heranwachsenden, dem ohnehin schon die körperliche Umbruchsituation und Selbstfindungsprobleme zu schaffen machen, zusätzliche große Probleme bereiten.

So wird sich ein nach Selbstbestimmung strebender Heranwachsender nur ungern eine Diät aufzwingen lassen. Bieten Sie daher Ihrem Sohn/Ihrer Tochter an, sich zunächst gemeinsam mit ihm/ihr zu informieren (Literatur, Selbsthilfegruppe, Arzt).

Seien Sie aber nicht enttäuscht, wenn sich Ihr Sohn/Ihre Tochter nicht den Mitgliedern einer Selbsthilfegruppe anvertrauen möchte. Unserer Erfahrung nach fällt den Jugendlichen dieser Schritt oftmals sehr schwer. Sie möchten sich nicht selbst als "krank" einstufen und schon gar nicht von anderen – oftmals fremden – Menschen gute Ratschläge erteilen lassen.

Außerdem empfinden sie meist nicht den schweren Leidensdruck durch die Erkrankung wie es kleine Kinder im allgemeinen tun. Sie halten sich nicht unbedingt für krank und daher auch nicht für behandlungsbedürftig.

Wir erleben es allerdings oft, daß besorgte Eltern anstelle ihrer halb erwachsenen Kinder in die Selbsthilfegruppe kommen, um Informationen und Ratschläge einzuholen. Auf diese Weise können sich die Eltern meist ihrer primären Sorgen und Ängste entlasten und gleichzeitig für ihre Kinder als Informationsspender zur Verfügung stehen. Bei der Weitergabe dieser Informationen an Ihren Sohn/Ihre Tochter sollten Sie jedoch sehr behutsam vorgehen. Bieten Sie Ihren

Rat und Ihre Hilfe *unaufdringlich* und nicht ständig an, sonst erzeugen Sie leicht Trotz. Legen Sie, wenn es sinnvoll erscheint, *gemeinsam* die Strenge einer evtl. notwendigen Diät fest, und sorgen Sie für die häusliche Durchführbarkeit. Kochen Sie so, daß es gut aussieht und gut schmeckt. Signalisieren Sie Bereitschaft in jeder Hinsicht. Überlassen Sie jedoch die Kontrolle über die Einhaltung der Diät Ihrem Sohn/Ihrer Tochter selber. Er/sie sollte lernen, sich selbst zu beobachten.

Geben Sie Ihrem Sohn/Ihrer Tochter den Tip, häufiger vorsichtig in sich hineinzuhorchen, um die Reaktionen des eigenen Körpers einschätzen zu lernen. Dabei sollte er/sie nicht überreagieren; nicht jedes potentielle Allergen bewirkt auch bei Ihrem Sohn/Ihrer Tochter eine Unverträglichkeitsreaktion, und nicht jedes Unbehaglichkeitsgefühl wird von einer Nahrungsmittelunverträglichkeit verursacht. Auch ein völlig gesunder Mensch ohne jegliche Hautprobleme verspürt ab und zu einmal einen Juckreiz.

Versuchen Sie also, eine gewisse Gelassenheit im Umgang mit der Neurodermitis zu erlangen! Lassen Sie sich und Ihre Familie nicht von der Neurodermitis beherrschen!

Für einen Jugendlichen ist es schon schwer genug, wenn er nicht ebensooft wie viele Gleichaltrige zum Treffpunkt in der Kneipe kommen kann, weil er gemerkt hat, daß ihm die verqualmte Luft dort nicht gut bekommt.

Treiben Sie Ihr heranwachsendes Kind nicht in eine zusätzliche Isolation, indem Sie es ständig mit Verboten belegen! Nur über die eigene Erfahrung kann Ihr Sohn/Ihre Tochter zu der Einsicht gelangen, welche Lebensbedingungen ihm/ihr zuträglich und welche Ernährungseinschränkungen in seinem/ihrem Fall unter Umständen unumgänglich sind. Dabei sollte die Lebensfreude aber nicht zu kurz kommen!

Übrigens können Sie der sozialen Isolation Ihres Sohnes/Ihrer Tochter von Schulkameraden und Freunden auch dadurch entgegenwirken, daß Sie diese zu sich nach Hause einladen, wo Sie durchaus häufiger einmal einen gesunden Imbiß servieren dürfen.

Bei Einladungen außer Haus, Parties, Besuchen öffentlicher Lokale wird Ihr Sohn/Ihre Tochter eigene Erfahrungen sammeln und sammeln müssen. Die Wirkung von Genußgiften wie Alkohol und Zigaretten muß, um abzuschrecken, oft erst am eigenen Körper erfahren worden sein.

Auch der Umgang mit konventionellen Süßigkeiten will gelernt sein. In ihrem täglichen Umfeld sind Jugendliche geradezu „umzingelt" von Werbespots für Fast-Food-Produkte aus der konventionellen Nahrungsmittelindustrie. Die Verlockung, hier ebenso zuzugreifen wie es die Freunde oft tun, ist sehr groß. Hier bleibt Ihnen nur die Möglichkeit, dem großen Appetit durch ein vernünftiges erstes Frühstück zu Hause und eine geeignete Zwischenmahlzeit für die Pause in Schule und Beruf entgegenzuwirken sowie an Einsicht und Vernunft zu appellieren.

4. Rezeptteil

Maßangaben und Abkürzungen zu den Rezepten

EL   = *Eßlöffel*
TL   = *Teelöffel*
Pr   = *Prise*
Msp   = *Messerspitze*
l   = *Liter*
ml   = *Milli-Liter*
g   = *Gramm*
P   = *Päckchen*
gestr. = *gestrichen*
geh.   = *gehäuft*
TK   = *Tiefkühl*

Wenn nicht anders angegeben, sind die Rezepte für vier Personen berechnet.

4.1 Grundsätzliches zur Rezeptauswahl – Allgemeine Richtlinien für die Ernährung des Neurodermitikers

In unseren Rezepten verzichten wir rigoros auf solche Zutaten, die erfahrungsgemäß allergen wirken.

Um einem Mangel an Vitaminen, Mineralstoffen, Spurenelementen und auch Eiweiß (pflanzlich) vorzubeugen, muß die Ernährung nach den Richtlinien der Vollwertkost erfolgen.

Vollwertkost heißt in diesem Falle für uns, die Lebensmittel so natürlich und auch so unbelastet wie möglich und den Jahreszeiten gemäß (keine Erdbeeren im Dezember) zu sich zu nehmen.

Für Sie bedeutet dies, beim Einkauf auf folgendes zu achten: Obst, Gemüse und Getreide, aber auch Fleisch, Eier und Käse sollten aus kontrolliert biologischem Anbau bzw. entsprechender Tierhaltung stammen und immer so frisch wie möglich sein. Seit Jahrzehnten gibt es verschiedene Anbauverbände (z.B. Demeter, Bioland), die ihre Mitglieder und deren Produkte ständig kontrollieren. Somit geben sie dem Käufer die Sicherheit, ein Lebensmittel zu erwerben, das so weit als möglich frei von Schadstoffen ist und im weiterverarbeiteten Fall (z.B. bei Vollkorngrieß o. -grütze) so schonend wie möglich behandelt wird. Solche Produkte werden mit dem Zusatz „kontrolliert biologischer Anbau", „ökologischer Landbau" oder neuerdings „aus ökologischer Agrarwirtschaft" angeboten.

Bei den örtlichen Verbraucherberatungen können Sie meist eine Auflistung der „Biobauern" Ihrer Region erhalten. (In vielen Gemeinden haben sich Verbraucher in Einkaufsgemeinschaften zusammengetan, die einen gemeinsamen Einkauf beim Biobauern organisieren oder sogar von ihm beliefert werden – Fragen Sie Ihren Biobauern danach!)

Besteht für Sie nicht die Möglichkeit, Lebensmittel aus ökologischem Landbau zu kaufen, so versuchen Sie, Ihre Lebensmittel von Erzeugern (Wochenmarkt! Direktvermarktung!) zu beziehen, die mit möglichst wenig Chemie in der Landwirtschaft auskommen, dies gilt besonders auch für Fleisch- und Milchprodukte.

Der häufig befürchteten Unterversorgung an Calcium und Eisen bei fleischloser bzw. fleischarmer und kuhmilchfreier Ernährung kann vorgebeugt werden durch eine gezielte Auswahl der Lebensmittel gemäß folgender Tabellen. Danach enthalten z.b. zwei in Sesam gewendete Bratlinge (drei Eßlöffel Sesam) genauso viel Calcium wie eine Tasse Milch und genauso viel Eisen wie ein kleines Schweineschnitzel (150g).

Tabelle 4: Eisenreiche Lebensmittel

Hirse	9 mg	z.. Vgl.	Schweinefleisch	2 mg
Hafer	6 mg		Pute	1,5 mg
Dinkel	4 mg		Hähnchen	1,8 mg
Sesam	10 mg		Ziege	2,5 mg
Sonnenblumenkerne	6 mg		Pferde	4,7 mg
Linsen	7 mg		Lamm, Rind, Kalb	2 mg
Amaranth	15 mg			

(Angaben pro 100 g verzehrbarem Anteil)

Die Resorption des Eisens im Darm wird durch Vitamin C positiv beeinflußt, d.h. Sie können die Eisenaufnahme fördern, indem Sie z.b. Hirse zusammen mit Obst verzehren oder Sonnenblumenkerne mit einem geriebenen Apfel an Ihr Müsli geben.

Tabelle 5: Calciumreiche Lebensmittel

Sesam	785 mg	z. Vgl.	Kuhmilch	120 mg
Mangold	105 mg		Ziegenmilch	125 mg
Broccoli	105 mg		Schafsmilch	185 mg
Grünkohl	210 mg		Sojamilch	15 mg
Mandeln	250 mg		Sojamilch,	
Sonnenblumenk.	100 mg		Ca-angereichert	60 mg
Amaranth	250 mg			
Hülsenfrüchte	50-120 mg ca.			
(Sojabohnen	245 mg)			

(Angaben pro 100 g bzw. ml verzehrbarem Anteil)

(Tabellen – verändert – zusammengestellt aus *Souci / Fachmann / Kraut*, Wissenschaftliche Verlagsgesellschaft mbH, Stuttgart 1987)

Dabei ist anzumerken, daß durch den konsequenten Verzehr von Vollkornprodukten (Brot, Brötchen, Gebäck, Grieß- oder Getreidegerichte, Vollkornnudeln) die Versorgung mit Mineralstoffen und Vitaminen ohnehin bis um das 3fache höher ist als bei der herkömmlichen Ernährung.

Allgemeine Richtlinien für die Ernährung des Neurodermitikers

.Die folgende Zusammenstellung soll Ihnen eine Übersicht über die Lebensmittel geben, die *meistens* ohne nachfolgende Beschwerden gegessen werden können bzw. über die Lebensmittel, die *meistens* Beschwerden hervorrufen. Es gibt kein Lebensmittel, von dem man sagen könnte, daß es in jedem Fall verträglich sei, so daß jeder individuell für sich die Entscheidung „verträglich"/„unverträglich" treffen muß. Ein langfristiges, konsequentes Meiden eines Allergens kann zur Desensibilisierung führen. Das schrittweise Wiederzuführen eines Nahrungsmittels in kleinen Mengen gleicht einer Hyposensibilisierung.

Das Wissen um all diese Dinge und die Möglichkeit, selbst so viel für die Erträglichkeit der Krankheit tun zu können, verleihen enorm viel Kraft.

Und so sehen unsere erprobten und bewährten Ernährungsempfehlungen aus:

Ernähren Sie sich möglichst säurearm!

Schränken Sie den Verzehr ein von

- Lebensmitteln, die sauer schmecken, sowie von
- Lebensmitteln, die durch die Verstoffwechselung erst zu sauren Produkten werden (z.B. Fleisch, Zucker, die meisten Getreide – bes. Auszugsmehle –, Milch und Milchprodukte).

Denn: Wenn die Säure durch die im Körper vorhandenen Puffersysteme nicht mehr ausgeglichen werden kann, wird der Stoffwech-

Abb. 1: Müslifrühstück
- Frischkornbrei mit frischem Obst (Rezept S. 71)
- Mandeln, Sonnenblumenkerne, Sesam
- gekeimter Dinkel im Glas (siehe S. 150)
- Soja-Drink*

---

* Fertigprodukt

48

Abb. 2: Frühstück mit Brötchen
- Apfelbrot (Rezept S. 193)
- Rosinen-Mandel-Brötchen (Rezept S. 191) mit Butter
- Erdbeeraufstrich* und Aprikosenmus (Rezept S. 76)
- Getreidekaffee*

———

* Fertigprodukt

sel schwer belastet; u. a. wird die Calcium-Einlagerung behindert und die Leberfunktion geschwächt.

Getränke:
keine Fruchtsäfte, *keinen* Früchtetee mit viel Fruchtsäure,
    schwarzen Tee, Bohnenkaffee und Kakao,
sondern
nur   kohlensäurearmes/-freies Mineralwasser,
    Tee
    (leichter Früchtetee; Stiefmütterchen,
    Melisse, etwas Löwenzahnwurzel,
    Schafgarbe, Mariendistel)

Obst:
milde Äpfel, Birnen, Bananen (nicht überreif), Heidelbeeren, Himbeeren, Melonen, Kirschen, Avocado, Papaya, Mango, Maracuja, Feigen, Datteln; auf Reife achten!

Gemüse und Salate:
alle heimischen Sorten;
jedoch nicht Zwiebeln, Knoblauch, Tomaten, Paprika, Sellerie.

Getreide:
Auszugsmehle meiden;
möglichst frisch gemahlenes Getreide verwenden, evtl. aussieben.
Dinkel bevorzugen!
Mit Weizen vorsichtig sein!

Reis   ⎫ glutenfrei;
Mais   ⎬ ebenso Amaranth,
Hirse   ⎭ Quinoa und das Knöterichgewächs Buchweizen

Roggen
Hafer
Gerste
Grünkern

Nüsse:
nur Mandeln, evtl. Cashewkerne;
gute Alternative: Sonnenblumenkerne

Alternativen zur Kuhmilch:
– Sojamilch
(japanisch „Tonyu", vorzugsweise desaromatisiert)
– Mandelmilch
– Getreidemilch
– Schafs-, Ziegen-, Stutenmilch

Alternativen zu Quark aus Kuhmilch:
Tofu
Quark aus Ziegen- oder Schafsmilch

Fleisch:
kein Schweinefleisch

Geflügel   } – nur ein- bis zweimal pro Woche
Lamm   } – **kein** Fleisch aus Massentierhaltung
Rind   } – nicht scharf braten

Fette:
Öle:
kalt gepreßt und *nicht raffiniert* (aus 1. Pressung!)
Sonnenblumenöl, Maiskeimöl, evtl. Olivenöl, Mandelöl

Butter:
nur Sauerrahmbutter (Milcheiweißanteil etwa 0,5%);
keine gesäuerte Butter!

Margarine:
ungehärtet, ohne Molke, ohne Milcheiweiß
(Reformhaus, Naturkostladen)

Kokosfett:
nicht chemisch gehärtet

Essig:
Am besten verträglich ist Obstessig, evtl. muß aber auch dieser
anfangs gemieden werden. Als Ersatz *keinen Zitronensaft* verwenden, evtl. "Molkosan" (Reformhaus) prüfen, evtl. milden Apfelsaft
oder Apfelsaftkonzentrat (unbedingt Reformhaus) verwenden.

Salz

Vollmeersalz verwenden, evtl. jodiert
Kräutersalz (auf unverträgliche Zusätze achten wie z.b. Sellerie)
sparsam verwenden!

Süßungsmittel

Kein Fabrikzucker!   *Kein Süßstoff!*

– Fruchtsüße nutzen, auch Trockenfrüchte
– Honig, kalt geschleudert! Vorsicht bei Pollenallergie
– Rohrohrzucker, getrockneter Zuckerrohrsaft
– Apfel-, Birnendicksaft
– Dattelmus, Feigenmus
– Ahornsirup

sparsam damit umgehen, allmählich reduzieren, wie ein Gewürz verwenden!

Und das sollte selbstverständlich sein:

Keine Verwendung dürfen finden
– Senf
– Ketchup
– Mayonnaise
– fertige Soßen und Suppen
– Soßenbinder
– Gewürzmischungen
– Glutamat
– Konservierungsstoffe

Alle Zutaten müssen durchschaubar sein. Heißt es z.B. in der Zutatenliste „Gewürze" , und diese sind nicht einzeln deklariert, so ist dieses Lebensmittel ungeeignet.

Vorsicht bei Fertigprodukten, die „Margarine" enthalten: Beträgt der Margarine-Anteil weniger als 25 % vom Endprodukt, so müssen die Zutaten der Margarine laut lebensmittelrechtlicher Kennzeichnungspflicht nicht deklariert werden - es könnte sich Milcheiweiß darunter verstecken!

Auf Milcheiweiß weisen auch folgende Begriffe hin: Kuhmilch, Kuhmilchprotein, Molkenprotein, Süßmolke, Sauermolke, Kasein, Kaseinate.

4.2 Die Ernährung im Säuglingsalter

4.2.1 Die Ernährung der stillenden Mutter

Zu diesem Abschnitt unseres Buches möchte ich Ihnen meine eigenen Erfahrungen schildern.

Bei meinem Sohn Johannes traten die ersten Hautveränderungen im Alter von 2 1/2 Monaten auf. Keiner der konsultierten Ärzte empfahl mir als stillender Mutter eine Ernährungsumstellung. Mittlerweile hatte sich das Ekzem fast auf den gesamten Körper ausgebreitet, und meine Hilflosigkeit ließ mich schier verzweifeln. Schließlich bekam ich über die Neurodermitis-Selbsthilfegruppe den Hinweis: keine Kuhmilch und daraus hergestellte Produkte usw. (siehe Kap. 4.1: Allgemeine Richtlinien für die Ernährung des Neurodermitikers). Von einem Tag auf den anderen stellte ich meine Ernährung konsequent um und bereits nach wenigen Tagen besserte sich das Hautbild meines Sohnes, was mein Durchhaltevermögen bestärkte. Zwar sah das Mittagessen anfänglich etwas eintönig aus (Getreide-Gemüsepfanne in allen Variationen), bald jedoch wurde ich erfinderisch und konnte Abwechslung in meinen Speiseplan bringen. Im Kapitel 4.4 haben wir viele Rezepte zusammengestellt, so daß Sie, gerade in der ersten Zeit, eine gute Hilfestellung haben werden. Meiden Sie die Gerichte mit blähenden Zutaten – was Sie ja vielleicht sonst auch tun würden –, und wählen Sie die Rezepte aus, in denen Zutaten mit hohem Gehalt an Eisen (Hirse, Sesam, Sonnenblumenkerne, Hafer) und an Calcium (Sesam, Mandeln, Mangold, Broccoli) enthalten sind (vgl. 4.1).

Durch den regelmäßigen Verzehr von Keimen und Sprossen können Sie den Vitamin- und Mineralstoffgehalt von Gerichten enorm steigern.

Übrigens, Hirse kann man fast jeder Suppe und jedem Eintopf hinzufügen. Ich habe mir angewöhnt, daß ich jedem Getreide, das ich für Gebäck mahle, ein paar Eßlöffel Hirse dazugebe. Gekochte

Hirse mit Obst ergibt eine leckere Zwischenmahlzeit; im Müsli dürfen Hirseflocken selbstverständlich auch nicht fehlen.

Sesam kommt bei uns ins Müsli und in Kekse; Bratlinge werden vor dem Braten darin gewendet, und für den Apfel-Guglhupf wird die Form statt mit Mehl mit Sesam ausgestreut.

Amaranth wird in Suppen gestreut und verleiht in gepuffter Form dem Müsli eine nußartige Komponente.

Das sind nur einige Tips; sicherlich fällt Ihnen noch manche Möglichkeit ein, Ihre Ernährung bewußt wertvoller zu gestalten.

Auch auf Käse brauchen Sie nicht zu verzichten, wenn Sie Ziegen- und Schafskäse mögen. Ziegenkäse mit ganz mildem Geschmack gibt es mittlerweile im Reformhaus und im Naturkostladen, selbst in der Käseabteilung im Supermarkt kann man gelegentlich Ziegenkäse finden. Aber Vorsicht: Nicht immer sind Ziegen- und Schafskäse „rein", d.h. oftmals ist Kuhmilch beigemengt. Lassen Sie sich die Beschriftung auf der Originalverpackung zeigen, und verzichten Sie im Zweifelsfall auf diesen Käse!

Achten Sie darauf, daß Sie genügend Kalorien zu sich nehmen, um einem zu starken Abnehmen entgegenzuwirken. Als Ergänzung zur Ernährung kann ein vitaminhaltiges Eisenpräparat (z.B. spezieller Saft aus dem Reformhaus) von Vorteil sein.

4.2.2 Der gestillte / nicht gestillte Säugling

Stillen ist auf jeden Fall empfehlenswert, aus vielerlei Gründen. Einschlägige Fachliteratur erteilt Ihnen dazu entsprechende Ratschläge.

Wie im Kapitel 3.1 erläutert, lohnt sich Stillen noch aus einem weiteren Grund: Ekzeme treten seltener und vielleicht auch in schwächerer Form auf als bei ungestillten Säuglingen.

Dringend wird empfohlen, erst im sechsten Monat mit dem Zufüttern zu beginnen. Wodurch Sie die Stillmahlzeiten nach und nach ersetzen können und wie Sie diese Mahlzeiten zubereiten können, entnehmen Sie bitte dem Ernährungsplan für gestillte Säuglinge (s. Tab. 6). Wir haben versucht, nach unseren bewährten Erfahrungen diesen Plan zusammenzustellen. Selbstverständlich sei es Ihnen überlassen, diesen Plan abzuwandeln, wenn Sie es anders für praktikabler oder besser erachten. Betrachten Sie den Plan als Vorschlag.

Für ungestillte Säuglinge kann dieser Ernährungsplan ebenfalls übernommen werden, „Stillen" muß lediglich durch „Flasche" ersetzt werden, wobei mit dem Zufüttern bereits ab dem 5. Monat begonnen werden kann. Die Entscheidung, welche Flaschennahrung Sie wählen sollten, müssen Sie selber treffen. Im Kapitel 3.1 finden Sie die derzeit auf dem Markt befindlichen Fertignahrungen zusammengestellt.

In Vorträgen, die wir gehört haben und in der Literatur wird meist folgender Ratschlag erteilt: Kann nicht ausreichend bzw. gar nicht gestillt werden, sind Molkehydrolysate den Fertignahrungen auf Sojabasis vorzuziehen. Eine Fertignahrung auf Sojabasis soll erst dann gewählt werden, wenn der Säugling auf die hypoallergene Nahrung eine Reaktion zeigt. Als es noch keine kuhmilchfreien und hypoallergenen Fertignahrungen gab, hat man den Säuglingen mit Kuhmilchunverträglichkeit Mandelmilch zu trinken gegeben. Ein Rezept dafür finden Sie auch im nachfolgenden Rezeptteil, ebenso für Getreide- und Linsenmilch.

Auch Ziegen-, Schafs- oder Stutenmilch ist wertvoll, zu empfehlen jedoch erst, wenn nicht mehr ausschließlich über die Flasche ernährt wird; selbstverständlich zu Beginn als Halb-, dann Dreiviertel- und schließlich als Vollmilch, z.B. mit Reis- oder Haferschleim und als Dinkelgrießbrei.

Hinweis:
Wird Wasser für Fläschchen oder Brei verwendet, kein Leitungswasser nehmen, sondern ein Mineralwasser, das für die Zubereitung von Säuglingsnahrung geeignet ist (Etikett!). Leitungswasser ist deshalb ungeeignet, weil es Chlor und andere Beimengungen enthalten kann, die bei Neurodermitis zu Hautreaktionen führen können.

Tabelle 6: Ernährungsplan für gestillte Säuglinge

	früh	vormittags	mittags	nachmittags	abends
1.-5. Monat	5-6 Stillmahlzeiten über 24 Stunden				
6. Monat	Stillen	Stillen	Gemüsebrei	Stillen	100-150 ml Reisschleim und Stillen später: Maisgrieß oder Hirsebrei
7. Monat	Stillen (Flasche)	Reisschleim-Flasche mit Möhren oder Bananen	Gemüsebrei	Getreide-Obstbrei	Maisgrieß oder Hirsebrei, Flasche
8. Monat	(Stillen) Flasche	Reisschleim-Flasche	Gemüsebrei evtl. mit Getreide	Getreide-Obstbrei	Maisgrieß oder Hirsebrei oder Gerstenschleim oder Dinkelgrieß, Flasche
9.-12. Monat	wie 8. Monat aber: – früh: Flasche angedickt mit Haferschleim, Schmelzflocken oder Resten von gekochtem Getreidebrei – ab und zu Dinkelzwieback, ein Stück Apfel – Gemüsebrei zunehmend mit Rohanteil, zwischendurch statt Gemüsebrei auch mal Gersten-, Hafer- oder Reisschleim mit rohen, feingeriebenen Möhren und Öl				
ab 12. Monat	– allmählich mit Weizenprodukten beginnen – zunehmend festere Nahrungsmittel und Gemüsestücke, wobei über das 2. Lebensjahr hinaus morgens und abends eine Flasche beibehalten werden kann bzw. sogar zu empfehlen ist.				

Auf Deckung des Flüssigkeitsbedarfs achten, wenn nicht mehr gestillt wird: Flasche, ungesüßter Tee (Fenchel, Stiefmütterchen, Melisse).

Bei nicht oder nicht voll gestillten Säuglingen beginnt man mit Breinahrung ca. 1 Monat früher, wobei empfohlen wird, gleichzeitig in die Flasche Fläschchenmöhren und später Reisschleim oder Schmelzflocken zu geben.

4.2.3 Brei-Rezepte

Gemüsebrei

Ca. 200 g fertiges Gemüse (etwa 250 g Rohware), anfangs weniger, mit wenig Wasser bißfest garen; kein weiterer Zusatz! Mit dem Pürierstab zerkleinern. Zum Schluß *immer etwas Öl hinzufügen!*

Jedes Gemüse einzeln verabreichen, erst bei festgestellter sicherer Verträglichkeit zwei Sorten mischen. Eine Gemüsesorte kann ohne weiteres drei Tage hintereinander gegeben werden.

- Möhren
  (selbst gekocht oder aus Reformhaus
  oder Lebensmitteleinzelhandel, „Hipp")
- Fenchel
- Zucchini
- Kohlrabi
- Blumenkohl
- Kartoffel
- Broccoli

Bei gekauften Gläschen darauf achten, daß *keine Zusätze* wie Bindemittel, Ascorbinsäure, Honig, Traubenzucker usw. enthalten sind!

Getreide-Obstbrei

Getreide für drei Tage kochen (pro Portion ca. 20-25 g in ca. 150-200 ml Wasser), gut nachquellen lassen. Gar gekochtes Getreide mit Obst (z.B. zerdrückte Banane, geriebener Apfel, geriebene Birne oder Birnenkompott) und 1 TL Mandelmus vermengen; evtl. mit dem Pürierstab stärker zerkleinern. Restliche Getreideportionen in gut verschließbaren Dosen im Kühlschrank aufbewahren.

Reis	– ungeschälter Rundkornreis oder Avorioreis; Reisschleim
Mais	– Maisgrieß
Hirse	– ganz, geschrotet oder Flocken

| Dinkel | – geschrotet, gemahlen oder Grieß; Dinkelvollkornbrei in Demeter- oder Bioland-Qualität („Runge") muß nicht mehr gekocht werden. |
| Amaranth | – kann zur Eiweißanreicherung jedem Brei beigefügt werden |

Getreideschleim
– Immer etwas Öl oder Mandelmus untermischen
– Kann auch gut als Fläschchen gegeben werden
– Banane untermengen (Pürierstab!)
  oder etwas rohe, fein geriebene Möhren

Für Getreideschleim eignet sich:

Gerste	– fein geschrotet; beruhigt den Darm
Reis	– aus gemahlenem Reis selbst herstellen
	– aus dem Reformhaus oder von „Milupa"
	– „Bessau"-Reisschleim (Apotheke) braucht nicht mehr gekocht zu werden; einfach in gut warmes Wasser oder „Beba HA" einstreuen
Hafer	– Haferflocken, Schmelzflocken
	– Haferschleim von „Milupa"

Grundrezept:
4 schwach gehäufte TL Getreidemehl mit dem Schneebesen in 1/4 l kaltes Wasser einrühren und langsam unter Rühren zum Kochen bringen. Heizplatte ausschalten und noch ca. 3 Min. nachquellen lassen. Öl oder Mandelmus nicht vergessen!

Zum Verdünnen von fertig gekochtem Getreideschleim eignet sich vorzüglich hypoallergene Flaschennahrung oder Fertignahrung auf Sojabasis: In einem Fläschchen 50-100 ml Flaschennahrung konzentrierter als normal herstellen und zum fertigen Getreideschleim geben. Dadurch erhalten Sie eine sehr sättigende Flaschennahrung.

Mandelmilch

Ca. 100g Mandeln überbrühen, nach ein paar Minuten häuten und sehr fein mahlen, evtl. 2mal durchmahlen. Mandeln mit 500-750 ml Wasser gut mischen, ca. 1-2 Std. stehen lassen. Vor dem Verwenden nochmals durchmischen. Für Säuglingsnahrung durch ein Tuch pressen. Nach neueren Erkenntnissen ist Mandelmilch erst ab dem 2. Lebensjahr zu empfehlen.

Getreidemilch

Ca. 100g Dinkel sehr fein mahlen und mit ca. 500 ml Wasser mischen. Weiter verfahren wie bei Mandelmilch.

Linsenmilch

Ca. 100g Linsen sehr fein mahlen, weiter verfahren wie bei Mandelmilch.

Alle drei Milcharten sind im Kühlschrank etwa 1-2 Tage haltbar.

Birnenkompott auf Vorrat

Da im Herbst Birnen oft reichlich vorhanden sind – in den übrigen Jahreszeiten bekommt man entweder keine unbehandelten, oder sie sind sehr teuer – bietet es sich an, einen Vorrat in Form von Kompott anzulegen.

Birnen schälen, entkernen und in kleine Stücke schneiden. In einem Topf mit wenig Wasser (nur eben so viel, daß sie nicht anbrennen) zum Kochen bringen. Platte ausschalten und Nachhitze wirken lassen. Dann entweder in kleinen Dosen oder in Beuteln einfrieren oder in kleine Gläser füllen und einwecken. Zum Einwecken eignen sich Marmeladengläser oder Gläser, die etwas größer sind als diese. Einweckzeit ca. 20 Min. bei 80 °C.

Dieses Kompott kann pur oder mit Haferkleieflocken („Kölln") gegessen werden oder für Getreide-Obstbrei verwendet werden.

4.3 Die Ernährung des Neurodermitikers im Kleinstkindalter

Das Kind ist kein Säugling mehr, es ist jedoch mit den Mahlzeiten auch noch nicht in die Familie integriert. Es muß also noch extra „bekocht" werden.

Die verschiedenen Breiarten, die Sie bis jetzt gewohnt waren zu kochen, können Sie, zumindest teilweise, auch jetzt noch beibehalten. Oftmals aber können Sie sicherlich einen Teil Ihres Essens, evtl. in geringer Abwandlung, für Ihr Kind verwenden.

So z.B. wenn Sie ...

1. **Kartoffeln** gekocht haben:
Kartoffeln zerdrücken, mit etwas Margarine und Wasser vermengen, eine Prise Salz und evtl. im Mörser zerdrückten Sesam hinzufügen – ergibt einen leckeren Kartoffelbrei. Falls Sie noch ein paar gekochte Möhren haben, können Sie diese mit unter den Brei mengen.

2. **Nudeln** gekocht haben (natürlich *ohne* Ei):
– *grüne Soße:*
Zucchini knapp gar dünsten, 2 EL gemahlenen Reis darüberstreuen, unterrühren, ca. 5–10 Min. quellen lassen, pürieren, eine Prise Salz und Öl dazugeben;
– *rote Soße:*
statt Zucchini Möhren nehmen;
– *Broccoli, Möhren, Fenchel:*
leicht zerkleinern, etwas Salz und Öl dazu. Falls Hefe verträglich ist, 1-2 TL Hefeflocken darüberstreuen.

Grüne oder rote Soße oder anderes Gemüse über Nudeln geben - Ihr Kind wird begeistert sein!

3. **Reis** gekocht haben:
Verfahren Sie wie bei Nudeln.

4. Gemüse gedünstet haben:
Bevor Sie würzen, etwas davon abnehmen, leicht zerkleinern, eine Prise Salz und Öl dazugeben und evtl. noch eine zerdrückte Kartoffel untermengen.

Kartoffeln, Nudeln, Reis, Gemüse – mindestens eines der vier Beispiele findet sicherlich jeden Tag in Ihrem Speiseplan Verwendung. So dürfte es gar nicht so schwierig sein, für Ihr Kind eine Mahlzeit zuzubereiten.

Allmählich können Sie auch damit beginnen, Ihr Kind am Familientisch mitessen zu lassen, z.B. bei Apfelstrudel, Bratlingen, Reis-Gemüsepfannen, Nudel-Gemüsepfannen, Kartoffelgerichten, Mehlspeisen wie Dukatennudeln und Buchweizenschnitten und, und, und.

Versuchen Sie, Ihr Kind frühzeitig an Rohkost und Sprossen zu gewöhnen. Bieten Sie ihm immer etwas vom Salat an; raspeln Sie einen Apfel und eine Möhre als Zwischenmahlzeit.

Im Kapitel 4.4 finden Sie eine große Anzahl von Rezeptvorschlägen, die für Kinder in diesem Alter schon viel Abwechslung in den Speiseplan bringen können.

Immer häufiger wird Ihr Kind jetzt nach Knabbereien bzw. Leckereien verlangen.

Inzwischen sind wegen der steigenden Nachfrage einige Hersteller dieses Problem angegangen – ohne Kuhmilch, ohne Eier, ohne Zucker, ohne Farbstoffe, ohne Kakao, ohne Zitronensäure, ohne Nüsse. Das Resultat ist schon ganz beachtlich. Gehen Sie doch einmal (ohne Kind!) ins Reformhaus oder in den Naturkostladen, und sehen Sie sich dort in Ruhe um. Sie finden manches, was nicht nur *Ihrem* Kind schmecken wird! Zugegeben, die Dinge sind nicht gerade preiswert, und so haben wir versucht, so manche Leckereien einfach nachzumachen; z.B. Apfelkekse, Sesamkekse, Fruchtschnitten, Eis-"Moritz". Entsprechende Anregungen und Hinweise finden Sie im Rezeptteil ab S. 169.

4.4 Die Ernährung des Neurodermitikers jenseits des Kleinstkindalters

Für ein Familienmitglied, welches das Kleinstkindalter überschritten hat, ist es normalerweise selbstverständlich, daß es vom Familienessen mitißt und – sofern es der Tagesablauf gestattet – die Mahlzeiten auch gemeinsam mit anderen Familienmitgliedern einnimmt.

Auch wenn in Ihrer Familie auf die besondere Ernährung eines Neurodermitikers geachtet werden muß, braucht niemand auf das Vergnügen gemeinsamer Mahlzeiten zu verzichten. Nach unseren Basis-Rezepten kann das Essen für die gesamte Familie zubereitet werden. Wir haben konsequent auf erfahrungsgemäß allergen wirkende Zutaten verzichtet und auf eine einfache und praktische Handhabung geachtet. Von den so zubereiteten Gerichten ißt der Neurodermitiker „pur"; die übrigen Familienmitglieder dürfen am Tisch abwandeln bzw. ergänzen und sind ebenfalls mit schmackhaften und gesunden Speisen versorgt. Entsprechende Hinweise finden Sie bei den einzelnen Rezepten.

Durch die Gemeinsamkeit beim Essen können Sie der Ausgrenzung des Neurodermitikers entgegenwirken; er wird sich in die Familie eingebunden fühlen und eine gesteigerte Lebensqualität empfinden.

Das nachfolgende Kapitel stellt entsprechend variantenreiche Rezepte für Frühstück, Mittag- und Abendessen vor. Auch für Salate und Zwischenmahlzeiten sowie für Naschereien, Kuchen und Gebäck finden sich vielerlei Anregungen. Eine kleine Rezeptsammlung widmet sich den besonderen Anlässen.

Die Rezepturen sind ausgelegt für Gerichte für 3-4 Personen, ausgenommen solche für Naschereien, Kuchen und Gebäck.

Abb. 3: Mittagessen - Menü
- Gemüsesuppe mit Grießklößchen (Rezept S. 102)
- Wirsingrolle "Peking" auf Reisbett (Vollkorn- und Wildreis) (Rezept S. 127)
- helle Soße (Rezept S. 127)
- Dessert-Creme mit Tofu (Rezept S. 176)

Abb. 4: Mittagessen - Beilagen
Mischgemüse (grüne Bohnen, Broccoli, Möhren)
Stockerl und Zucchiniplätzchen (Rezepte S. 121 und S. 116).

Frühstück

Frühstück –
Was Ihnen dabei hilfreich sein könnte

Ein gesundes Frühstück stellt die Weichen für den ganzen Tag. Nehmen Sie sich die Zeit, und frühstücken Sie gemeinsam mit Ihren Kindern, damit es für die Kinder nicht zur Gewohnheit wird, nüchtern aus dem Haus zu gehen.

Die Anforderungen, die der Tag an uns und auch an die Kinder stellt, sind so hoch, daß die Energie, die ein vollwertiges Frühstück spendet, unbedingt genutzt werden sollte. Wird der Tag ohne oder mit einem unzureichenden Frühstück begonnen, kommt es infolge eines zu niedrigen Blutzuckerspiegels leicht zu Konzentrationsmangel, schneller Ermüdbarkeit und Nervosität.

Versuchen Sie, das Frühstück abwechslungsreich zu gestalten. Wechseln Sie die Brotsorten und den Brotbelag bzw. den Brotaufstrich; ein Brötchen vom Vortag, nochmal kurz in der Pfanne (Schnittfläche nach unten) aufgebacken, schmeckt fast genauso gut wie ein frisches.

Im nachfolgenden Rezeptteil finden Sie Anregungen für selbst hergestellte Brotaufstriche, wobei der „Schoko"-Aufstrich erfahrungsgemäß bei Kindern besonders gut ankommt. Im Reformhaus/ Naturkostladen finden Sie auch Dattel- oder Feigenmus, welches pur oder gemischt mit Mandelmus oder Hagebuttenmus einen leckeren Brotaufstrich ergibt. Datteln und Feigen werden übrigens basenbildend verstoffwechselt.

Da die Stoffwechselschlacken von der nächtlichen Entgiftungsarbeit der Leber möglichst schnell aus dem Körper entfernt werden sollen, ist es wichtig, zum Frühstück auch reichlich Flüssigkeit zu sich zu nehmen. Kräuter- und Früchtetee eignen sich dafür gut. Vielleicht mag Ihr Kind Sojamilch mit Carob und Honig zum Frühstück. Und wie wäre es einmal mit Getreidekaffee?

Mit Müsli und Frischkornbrei in vielen Variationen läßt sich ebenso Abwechslung in das Frühstück bringen. Wer Frischkornbrei bevorzugt, sollte dafür möglichst zwei Getreidearten verwenden, eine davon in gekeimter Form. Keimlinge sind besonders mineralstoff- und vitaminreich und haben eine wesentlich geringere allergene Wirkung als ungekeimte Getreidekörner. Kombinieren Sie alle paar Tage neu, dann schmeckt es immer wieder anders.

Weitere Hinweise zu Müsli und Frischkornbrei, darunter auch für eine Frischkornbreiflasche (für Kinder, die auch noch nach ihrem 2. Geburtstag gerne eine „Morgenflasche" trinken), finden Sie im Rezeptteil.

Häufig ist ein zweites Frühstück erforderlich. Süßigkeiten sollten hier nicht in Betracht gezogen werden, sondern möglichst frisches Obst, Möhren oder Müsli. Ein paar getrocknete Feigen, Datteln oder Apfelringe stellen eine Bereicherung dar. Einen größeren Hunger kann man mit einem appetitlich belegten Vollkornbrot stillen.

Sollte Ihr Kind zum ersten Frühstück Obst vorziehen, können Sie schnell und einfach z.b. aus Birnen, Äpfeln, Bananen (Obst je nach Verträglichkeit und Jahreszeit) einen Obstsalat bereiten oder das geputzte Obst appetitlich auf einem Teller anrichten. Das zweite Frühstück, in Kindergarten, Schule oder zu Hause, kann dann gerne ein kräftiges Vollkornbrot oder Müsli sein.

Frischkornbrei

Dieser Brei wird hergestellt aus Weizen bzw. Dinkel, Roggen, Gerste, Hafer, Hirse und ist ideal zum Frühstück, auch für Kinder ab 2 Jahren.

Zutaten:

6 EL Körner

1-2 Tassen Wasser

Zubereitung:
Körner grob schroten und mit Wasser zu einem Brei verrühren. Etwa 5-12 Std. zum Quellen stehenlassen (im Sommer unbedingt im Kühlschrank!)

– ein sehr fein geriebener Apfel süßt so stark, daß kein Honig mehr benötigt wird.
– Obst nach Jahreszeit oder eingeweichtes Trockenobst dazugeben.
– (gerösteter) Sesam, Sonnenblumenkerne, Kürbiskerne oder auch gekeimte Sonnenblumenkerne oder gekeimter Dinkel bzw. Weizen verfeinern den Frischkornbrei.

Verwenden Sie für dieses Rezept *Hafer*, so schroten oder flocken Sie diesen erst am Morgen kurz vor dem Verzehr des Frischkornbreies. Läßt man Hafer über Nacht quellen, so wird er leicht bitter.

Hinweis für Nichtallergiker:
Einen Klecks
(geschlagene) Sahne zugeben.

Rezepte

Frischkornbrei in der Flasche frühestens ab 2. Lebensjahr

Zutaten:

1 EL Dinkel
(oder Gerste
o. Weizen)

1 EL Hirse

100 ml Mineralwasser
ohne Kohlensäure

1 Banane

1 EL Sesam
(evtl. nur 1/2 EL,
wenn dem Kind der
Geschmack zu
intensiv ist.)

1 EL Weizenkeime
(Flocken)

Sojamilch

Zubereitung:
Das Getreide mittelfein schroten und mit dem Wasser in einer Milchtrinkflasche aufschütteln. Über Nacht (mind. 5 Stunden) im Kühlschrank quellen lassen. Morgens die Banane sehr musig zerdrücken oder pürieren, den Sesam mahlen (ersatzweise fertiges Sesammus verwenden), mit den Weizenkeimen unter die Banane mischen. Mittlerweile den Getreidebrei im Fläschchenwärmer oder im Wasserbad (nicht in der Mikrowelle, sonst entstehen Klumpen!) erwärmen, den Bananenbrei zugeben und die Flasche mit Mineralwasser, Tee oder Sojamilch auffüllen, kräftig schütteln, fertig.

Tip:

Wenn Sie keine Getreidemühle besitzen, lassen Sie sich die Getreidemenge für eine Woche in Ihrem Naturkostladen mahlen, und bewahren Sie sie in einem gut schließenden Gefäß auf.

Frühstück

Müsli-Ideen

Es ist sehr mühsam, aus der Vielfalt der angebotenen Fertig-Müslis die Mischung mit den für Sie am besten geeigneten Zutaten herauszufinden.

Deshalb bietet es sich an, selbst eine Grundmischung zusammenzustellen, die dann am Tisch nach Belieben ergänzt werden kann.

Die Grundmischung kann z.b. bestehen aus:

- Reisflocken
- Maisflocken
- Hirseflocken
- Haferflocken
- gepufftem Amaranth
- Sonnenblumenkernen
- Leinsamen
- Kürbiskernen.

Nach Belieben ergänzen mit:

- Rosinen
- Buchweizen-Honig-"Poppies"
- fein geschnittenem Trockenobst
- Apfelstücken
- Birnenstücken
- Bananenscheiben
- Himbeeren
- Heidelbeeren

Als Flüssigkeit eignet sich Sojamilch oder verdünnter Apfel- bzw. Birnensaft. Es soll auch Leute geben, die einfach Wasser verwenden.

Tip:

Nichtallergiker können das Müsli mit Milch oder verdünnter Sahne ergänzen.

Rezepte

Süßer Tofu-Brotaufstrich

Zutaten:

100 g	getrocknete Feigen oder andere Trockenfrüchte
250 g	Tofu
100 ml	Wasser
2 EL	Mandelmus
2 EL	Honig
$^{1}/_{2}$ TL	Zimt (falls verträglich)

Zubereitung:
Feigen waschen, in kleine Würfel schneiden und ca. 2 Stunden knapp mit Wasser bedeckt einweichen. Tofu mit dem Messer zerkleinern und zusammen mit den eingeweichten Feigen im Mixer oder mit dem Pürierstab pürieren.

Restliche Zutaten hinzufügen und nochmals kräftig durchschlagen.

Tip:

Wenn es mal ganz schnell gehen soll: statt der eingeweichten Trockenfrüchte Feigen- oder Dattelmus verwenden.

„Schoko"-Aufstrich

Zutaten:
100 g Margarine
    oder Butter
100 g gemahlene Mandeln
    oder Cashewkerne
3 EL Carob

1-2 EL Honig

1 EL Öl

evtl. etwas Mineralwasser
(kohlensäurefrei)

Zubereitung:
Alles im Mixer oder mit dem Pürierstab verrühren und je nach gewünschter Konsistenz mehr Öl oder mehr Mineralwasser zugeben. Im Kühlschrank hält sich dieser Brotaufstrich gut zwei Wochen.

„Schoko"-Aufstrich, aromatisiert

Zutaten:
200 g weiche Butter
    (ersatzw. Margarine)
200 g Mandeln, geschält
    oder ungeschält
6 EL Carob-Pulver
4 EL Honig
2 EL Mandelöl (ersatzweise Sonnenblumenöl)
1 Msp. Vanillepulver
einige Tr. Rosenwasser

Zubereitung:
Mandeln waschen, evtl. mit kochendem Wasser überbrühen und die braune Haut zwischen den Fingern abreiben.
Die noch feuchten Mandeln fein mahlen (Universal-Zerkleinerer).
Mandeln mit allen übrigen Zutaten sorgfältig verrühren.
Masse in ein Schraubglas füllen und im Kühlschrank aufbewahren.
Hält sich gekühlt einige Tage.

Tip:
Die Masse eignet sich vorzüglich als Füllung für „Schoko"-Waffeln (siehe Rezept). Wer Kakao verträgt, kann den Carob durch Kakao ersetzen.

Rezepte

Pflaumenmus

Zutaten:

Trockenpflaumen

etwas heißes Wasser

ein Hauch Zimt

Zubereitung:
Trockenpflaumen abends einweichen.
Pflaumen am anderen Morgen pürieren und mit Zimt abschmecken.
Hält sich im Kühlschrank einige Tage.

Aprikosenmus

Zutaten:

getrocknete Aprikosen

etwas heißes Wasser

Zubereitung:
Aprikosen abends einweichen.
Aprikosen am anderen Morgen pürieren.
Hält sich im Kühlschrank einige Tage.

Marmeladen

Zuzubereiten aus diversen Obstsorten, evtl. gemischt, mit Konfigel*) laut Anweisung.

---

*) Warenkunde s. S. 245

Mittagessen

Mittagessen -
Was Ihnen dabei hilfreich sein könnte

Servieren Sie zum Auftakt des Mittagessens möglichst täglich einen Rohkostsalat. Läßt sich das einmal nicht einrichten, so kann etwas rohes Gemüse aus der Hand gegessen werden (Möhre, Gurke, Kohlrabi). Steht auch dieses nicht zur Verfügung, gibt es einfach ein Stück Obst.

Das Hauptgericht sollte als Kohlenhydratlieferant möglichst immer entweder Kartoffeln oder Reis oder Getreide (z.B. in Form von Nudeln, Pfannkuchen, Grütze) enthalten.

Jedes dieser Lebensmittel läßt sich mit verschiedenen Gemüsesorten kombinieren. Wählen Sie je nach Saison und Geschmack das passende Gemüse aus, und verfeinern Sie mit Kräutern, Sprossen, Keimen und milden Gewürzen. Wenn es einmal ganz schnell gehen muß oder kein frisches Gemüse zur Verfügung steht können Sie ausnahmsweise auf Tiefkühl-Mischgemüse zurückgreifen – dann ist z. B. eine Nudelpfanne schnell zubereitet.

Garen Sie Gemüse bißfest. Sparen Sie mit Salz; Reis und Nudeln sollten salzlos gegart werden; Kartoffeln kochen Sie möglichst als Pellkartoffeln, so bleiben Vitamine erhalten, und Reste lassen sich problemlos aufbewahren und für die verschiedensten Gerichte verwenden.

Bringen Sie abwechselnd Kartoffel-, Reis- und Nudel- bzw. Getreidegerichte auf den Tisch, wobei das Schwergewicht auf Gerichten mit Kartoffeln liegen sollte, sofern diese gut verträglich sind.

Innerhalb der Gruppe "Getreide" sollten Sie ebenfalls Abwechslung bieten. Verzichten Sie weitgehend auf Weizen, und ersetzen Sie ihn durch Dinkel oder durch eine Mischung anderer Getreidearten, die gut vertragen werden.

Wir empfehlen Ihnen, die Abfolge der Mittagsmahlzeiten für jeweils eine Woche vorab in einer ruhigen Minute festzulegen.

Danach können Sie gezielt einkaufen und sich mit Gelassenheit der Umsetzung der Rezepte widmen.

Für die Zubereitung vieler Gerichte ist die Verwendung von *Gemüsebrühe* nahezu unerläßlich. Gemüsebrühe können Sie zwar selber herstellen (siehe Grundrezept), doch ist es praktischer, auf ein Fertigprodukt zurückzugreifen.

Bei den im Lebensmittelhandel erhältlichen Gemüsebrühen sollten Sie allerdings vor dem Kauf die Zutatenliste besonders sorgfältig studieren.

- Achten Sie darauf, welche Gemüsesorten zugesetzt sind (z.B. Sellerie)!
- Achten Sie auf Hefezusatz (es gibt Brühe ohne Hefe)!
- Achten Sie auf Hydrolysat-Zusatz (die Bezeichnung „Würze" weist auf einen Bestandteil hin, der auf chemischem Wege erzeugt wurde!)!
  Bevorzugen Sie Produkte, die die Bezeichnung „ohne Hydrolysat-Zusatz" tragen oder wenigstens solche, auf deren Zutatenliste keine „Würze" erwähnt ist!
- Achten Sie auf Glutamat-Zusatz, und bevorzugen Sie Brühe *ohne* Glutamat!

Gemüsebrühen gibt es in Form von Paste, Würfeln und gekörnter Brühe. Entscheiden Sie je nach Verwendungszweck, welche Form Sie in der Küche benötigen!

Eine *zusätzliche Geschmacks- und Vitaminbereicherung Ihrer Suppen und Soßen* erreichen Sie (sofern Hefe verträglich ist) durch die Zugabe von 1 EL Hefeflocken pro Person – am besten direkt am Tisch.

Wie Gemüsebrühen finden auch *Bindemittel für Suppen und Soßen* fast täglich Verwendung in der Küche. Ein Griff in den Küchenschrank - mit Soßenbinder oder klassischer Mehlschwitze in Instant-Form kann man zwar schnell und klümpchenfrei alles zu flüssig Geratene binden, aber haben Sie sich davon auch schon einmal die Zutatenliste angesehen?

Wir möchten Ihnen gerne Hinweise geben, wie Sie trotz Verzicht auf Fertigbindemittel Suppen und Soßen sämig machen bzw. binden können.

1. Feingemahlener *Reis* (bevorzugt Rundkornreis) eignet sich vorzüglich zum Binden von Suppen und Eintöpfen: Reismehl (1-2 EL genügen) hineinstreuen und sofort gut unterrühren; nachquellen lassen.

2. Eine rohe, fein geriebene *Kartoffel* korrigiert die Konsistenz von Gemüsesuppen, Sauerkraut und gedünstetem Weiß- oder Rotkohl.

3. Für Möhren-, Schwarzwurzel- oder Lauchgemüse verwenden wir gerne eine leichte *Mehlschwitze*: 1-2 EL Fett in der Pfanne erhitzen, 2 EL Mehl (Type 1050) einrühren, nach Belieben nicht oder leicht bräunen und mit dem Gemüsekochwasser aufgießen. Sofort mit dem Schneebesen gut durchrühren, evtl. Pürierstab benutzen. Mit Gemüsebrühe abschmecken und gegartes Gemüse hinzufügen.

4. Wenn die anzudickende Flüssigkeit bereits fetthaltig ist: Aus ca. 2 EL Mehl (Type 1050) und kaltem Wasser bzw. Sojamilch einen dünnflüssigen Brei bereiten und mit dem Schneebesen in die kochende Flüssigkeit einrühren. Ein paar Minuten köcheln lassen.

5. Wenn eine braune Soße gewünscht wird: Mehl (Type 1050) trocken in einer Pfanne unter Rühren bräunen. Das *gebräunte Mehl* durch ein feines Sieb rühren. So kann man es in einer geschlossenen Dose für längere Zeit aufbewahren. Zum Gebrauch 2-3 EL gebräuntes Mehl (es muß vollständig ausgekühlt sein) mit kaltem Wasser oder Sojamilch zu einem dünnflüssigen Brei rühren und in die kochende Flüssigkeit einrühren. Einige Minuten köcheln lassen. So läßt sich z.B. problemlos eine Soße für Ragout zubereiten.

6. Im Reformhaus bzw. Naturkostladen erhalten Sie *Guarkernmehl und Johannisbrotkernmehl*. Beides ist sehr sparsam im Verbrauch und eignet sich bevorzugt für kleine Korrekturen bei der Konsistenz von Soßen oder Suppen, wobei das Guarkernmehl wegen der einfacheren Handhabung vorzuziehen ist. Guarkernmehl fügen wir gerne allem bei, was sonst mit Ei hergestellt wird: Kuchen, Bratlinge, Frikadellen, Kartoffelplätzchen, Stockerl.

Zur Zubereitung vieler Gerichte benötigen Sie *Fett*.

Verwenden Sie bitte ausschließlich
1. *Öle*, die kalt gepreßt (möglichst aus 1. Pressung) und nicht raffiniert sind;

2. *Sauerrahm*butter, wenn Butter verträglich ist;

3. *Margarine*, die aus ungehärteten und nicht umgeesterten pflanzlichen Fetten und Ölen besteht und der keinerlei Milchprodukte (Molke!) zugesetzt sind. (Letztere sind oft des angenehmen Geschmacks wegen Bestandteil von Margarine.) Informieren Sie sich unbedingt vor dem Kauf im Naturkostladen oder Reformhaus oder der Fachabteilung des Supermarktes über die Inhaltsstoffe!

4. *Kokosfett*, das nicht chemisch gehärtet ist.

Fleisch (Geflügel, Lamm, Rind; *nicht* aus Massentierhaltung!) sollten Sie höchstens 1-2 mal pro Woche servieren. Betrachten Sie Fleisch als Beilage. Ziehen Sie Fleisch in gekochter Form (z.B. Fleischklößchen in Gemüsesuppen und als Königsberger Klopse, gekochtes Hühnerfleisch in Chinagerichten und Frikassee) gebratenem Fleisch vor. Braten Sie es doch einmal, dann bitte nicht allzu scharf. Sicherlich sind Ihnen aus der gutbürgerlichen Küche zahlreiche Fleischgerichte bekannt, die Sie bei Bedarf abwandeln könnten; darüberhinaus finden sich in herkömmlichen Kochbüchern viele weitere Rezepte. Wir stellen Ihnen daher hier ausschließlich Rezepte ohne und mit wenig Fleisch vor.

Als hervorragende Alternative zum Fleisch empfehlen wir zu vielen Gemüsesorten Zubereitungen aus isolatfreien Sojaprodukten, insbesondere *Tofu*. Dieses Sojabohnenerzeugnis, nach traditioneller asiatischer Methode hergestellt, bietet eine Vielzahl von Verwendungsmöglichkeiten für pikante und süße Speisen.

Bevorzugen Sie Tofu von Sojabohnen aus kontrolliert biologischem Anbau. Tofu, der mit Glucono-Delta-Lacton (aus Mais gewonnenes Gerinnungsmittel) hergestellt wurde, ist geschmacksneutral und besonders mild. Er eignet sich somit ausgezeichnet als Basis für z.B. würzige Tofu-Bratlinge, delikate Brotaufstriche und köstliche Tofu-Fruchtdesserts.

Informieren Sie sich darüber im Reformhaus oder Naturkostladen oder der Fachabteilung des Supermarktes sowie in entsprechender Literatur. Achten Sie beim Einkauf auf Produkte aus Sojabohnen aus ökologischem Landbau.

Einige unserer Gerichte (z.B. Eintöpfe, Suppen, Bratlinge) sind besonders gut zum Einfrieren geeignet. Kochen Sie davon bewußt reichlich, und frieren Sie die restlichen Portionen ein. Auf diese Vorräte können Sie zurückgreifen, wenn es beim Kochen einmal schnell gehen muß.

Bleiben vom Mittagessen kleine Reste übrig, so lassen Sie diese in der Küche gut erreichbar stehen. Im Laufe des Tages werden sie sicher von einem Familienmitglied als Zwischenmahlzeit aufgegessen – anstelle irgendeines süßen Appetithäppchens.

Ohnehin sollten Sie die Essensmengen für Ihre Familie nicht zu knapp bemessen, besonders wenn Schulkinder und Jugendliche mitessen. Da im Rahmen der von uns vorgeschlagenen Ernährung relativ wenig genascht wird, werden gerade Ihre Kinder bei den Mahlzeiten mit gesundem Appetit zugreifen. Rechnen Sie für Grundschüler ruhig mit Erwachsenen-Portionen, und kalkulieren Sie für einen männlichen Jugendlichen mindestens eine Extra-Portion ein.

Nicht in allen unseren Rezepten werden Sie auf das Gramm genaue Zutatenmengen finden; dann stehen dort Circa-Angaben. Unserer Erfahrung nach genügen sie zur Umsetzung dieser Rezepte, da bestimmte Zutaten in der Küchenpraxis nicht grammweise abgewogen, sondern nach Gutdünken bemessen werden. Den richtigen Griff dafür werden Sie sicher innerhalb kurzer Zeit heraus haben.

Auf *Desserts* als süßen Abschluß des Mittagessens können Sie unserer Erfahrung nach fast immer verzichten. Frischkost und Hauptgericht sättigen gut, und wenn in Ruhe gegessen wurde, verlangen selbst Kinder nicht danach.

Der Vollständigkeit halber haben wir jedoch im Rezeptteil einige Nachspeisen aufgeführt, die Sie zu besonderen Gelegenheiten oder als Zwischenmahlzeit auf den Tisch bringen können.

Rezepte

Apfelstrudel (Hauptmahlzeit)

Zutaten:

500 g Pellkartoffeln
 vom Vortag

1 EL   Öl

$^1/_4$ TL   Vollmeersalz

einige EL Weizenvollkorn-
mehl, sehr fein o.type 1050

1 TL   Guarkernmehl oder

2 EL   Reismehl (puderfein)
    oder Tapiokamehl

750 g Äpfel

Rosinen u. gehackte
Mandeln nach Belieben

1-2 TL Rohrohrzucker
    pro Strudel

Öl oder flüssiges Butter-
schmalz zum Beträufeln
und Bestreichen

Zimt (wer ihn verträgt)

Zubereitung:
Äpfel schälen und grob raspeln. Kartoffeln schälen und fein reiben. Aus Kartoffeln, Öl, Salz, Guarkernmehl und Mehl
einen geschmeidigen Teig kneten. Die
Mehlmenge ist abhängig vom Flüssig-
keitsgehalt der Kartoffeln. Teig in 5-6
Stücke teilen und wie folgt weiter verarbeiten: Teigstück zu einem Rechteck
ausrollen, Äpfel, Rosinen und Mandeln
darauf verteilen, Rohrohrzucker und
Zimt darüber streuen und mit etwas Fett
beträufeln. Teigränder anfeuchten, Teig
von der Breitseite her in der Mitte über-
einanderschlagen und die beiden Enden
verschließen. Eine Raine (= rechteckige
Auflaufform) gut fetten und den Strudel mit der Nahtstelle nach unten so hin-
einlegen, daß möglichst viele Strudel nebeneinander Platz haben. Strudel dicht
bei dicht nebeneinander legen und mit
Fett bepinseln, besonders dort, wo zwei
Strudel zusammentreffen. Auf der 2.
Schiene von unten im Rohr braten, bis
die Oberfläche leicht gebräunt ist.

Die Strudel werden warm gegessen.
Backtemperatur: 180 - 200 Grad
Backzeit: 45 Minuten

Tip:
Nach einer kräftigen Suppe sind diese Strudel eine
Hauptmahlzeit. Man kann noch Kompott dazu rei-
chen; wir mögen sie am liebsten ohne Beilagen.

Fliederbeersuppe mit Grießbrei

Zutaten:

300 ml konzentrierter
  Fliederbeersaft

1-2   Äpfel

Honig nach Belieben

1 TL Guarkernmehl,
  Speisestärke oder
  Agar-Agar

1/2 l Sojamilch

Dinkelgrieß

1 TL Honig

Zubereitung:
Aus Sojamilch und Dinkelgrieß einen Brei kochen, gut nachquellen lassen.
Fliederbeersaft mit der gleichen oder 1 1/2fachen Menge Wasser verdünnen (je nach Geschmack). Mit Honig und fein geschnittenen Äpfeln aufkochen, leicht mit angerührtem Guarkernmehl andicken, abkühlen lassen.

Lauwarm schmeckt beides am besten:
Grießbrei in einen tiefen Teller füllen und Fliederbeersuppe darübergeben.

Rezepte

Hirse-Amaranth-Brei mit Kompott

Zutaten:

50 g	Amaranth
50 g	Hirse
300 ml	Sojamilch
	oder Wasser
1 TL	Honig
250 g	Himbeeren
	oder Heidelbeeren
1 TL	Honig
$^1/_2$ TL	Guarkernmehl

Zubereitung:
Amaranth und Hirse mit Sojamilch und Honig aufkochen, ca. 20–30 Minuten ausquellen lassen. Himbeeren oder Heidelbeeren waschen, in einem Topf mit ganz wenig Wasser und Honig aufkochen, Kochstelle ausschalten und mit geschlossenem Deckel noch 5 Minuten auf der Kochstelle stehen lassen.
Guarkernmehl über das Kompott streuen und mit dem Schneebesen gut unterrühren.
Kann lauwarm oder kalt gegessen werden: Brei in Schälchen geben und Kompott darüber verteilen.

Für Kleinkinder kann dies durchaus eine vollwertige Mahlzeit sein.

Tip:

Das fertige Kompott läßt sich gut auf Vorrat einfrieren.

Gebratener Milchreis

Zutaten für eine Person:

250 ml Sojamilch

50 g Milchreis
 oder Avorio-Reis

Rosinen nach Belieben

1–2 TL Honig

Zubereitung:
Reis mit *der Hälfte* der Sojamilch, den Rosinen und dem Honig aufkochen und ca. 20 Minuten bei schwacher Hitze ausquellen lassen. Aufgekochten Reis in eine gefettete Auflaufform geben, restliche Sojamilch darübergießen und ins Backrohr stellen, 1. Schiene von unten.
Der Reis ist fertig, wenn sich auf der Oberfläche eine goldgelbe Haut zeigt.

Dazu reicht man Kompott.

Backtemperatur: 180–200 Grad
Backzeit: ca. 30 Minuten

Tip:

Auch kalt schmeckt dieser Reis vorzüglich.

Rezepte

Pfannkuchen *Palatschinken*

Zutaten:

125 g Dinkelvollkornmehl,
sehr fein

125 g Gerstenmehl,
sehr fein

$\frac{1}{2}$ TL Vollmeersalz

$\frac{1}{2}$ l Mineralwasser mit
Kohlensäure,
gut gekühlt

Öl oder Kokosfett
für die Pfanne

Zubereitung:

Die Zutaten miteinander verrühren. Der Teig soll ziemlich flüssig sein, evtl. noch mehr Mineralwasser hinzufügen.
Etwa 1/2 Stunde quellen lassen.
In einer Pfanne dünne Pfannkuchen ausbacken.
Mit Apfel- oder Birnenkompott reichen, oder mit entsteinten, angedickten Kirschen, Heidelbeerkompott, Himbeerpüree oder mit Lauchgemüse oder mit Rinderhack (Hack mit Salz, Thymian und Majoran in Öl dünsten).

Tip:

Auf dem eben in die Pfanne gegossenen Teig kleine Apfelstückchen verteilen und einen Hauch Zimt darüberstreuen. Von beiden Seiten goldgelb backen.

Rohrnudeln / *Wuchteln*

Zutaten:

500 g Weizenvollkornmehl, sehr fein gemahlen oder ausgesiebt oder Type 1050

1 Würfel Hefe

ca. 200 ml warmes Wasser

1 Prise Vollmeersalz

1-2 EL Honig

80-100 g weiche Margarine

Margarine oder Butterschmalz zum Bestreichen

Fett und Rohrohrzucker f.d. Form

Zubereitung:

Nach dem "Grundrezept Hefeteig" S.196 einen Hefeteig herstellen. Nach der Gehzeit den Teig nochmals kräftig durchkneten, zu einer Rolle formen und in etwa 12-16 Stücke teilen.

Jedes Teigstück zu einer Kugel formen und ohne Zwischenraum in eine gut gefettete und mit etwas Rohrohrzucker ausgestreute Auflaufform setzen.

Mit zerlassenem Fett bestreichen und bis etwa zur doppelten Größe aufgehen lassen.

Dann auf der 2. Schiene von unten backen.

Backtemperatur: 200 Grad
Backzeit: 30 - 40 Minuten

Die Rohrnudeln schmecken lauwarm oder kalt, mit Vanilledessert oder Kompott, als Hauptgericht oder auch nachmittags zum Tee.

Tip:

So wird dieses Hefestück besonders saftig: 2 mittelgroße gekochte Kartoffeln (vom Vortag) fein reiben und unter den Teig mengen.

Rezepte

Abwandlungen des Rezeptes "Rohrnudeln" von S. 89.

Zwetschgennudeln

In jedes Teigstück eine entsteinte Zwetschge einarbeiten, die anstelle des Kernes etwas Rohrohrzucker enthält. Dann jedes Teigstück in Rohrohrzucker wälzen und weiter verfahren wie bei den Rohrnudeln.

Dukatennudeln

Die Teigstücke in der Form nicht mit Fett bestreichen, sondern mit einer Mischung aus 1/4 l heißer Sojamilch, 75 g Margarine und 2 EL Honig übergießen.

Diese Mehlspeise wird heiß serviert mit Kompott aus Frisch- oder Dörrobst.

90

Nudeln mit Buchweizenbutter

Zutaten:

300 g Nudeln

100 g Butter oder Margarine

100 g Buchweizen

1 Bund Petersilie

Zubereitung:
Nudeln wie gewohnt bißfest kochen.
In der Zwischenzeit die Butter in einer Pfanne aufschäumen lassen, den Buchweizen darin hellbraun rösten.
Petersilie waschen, trockenschütteln, kleinschneiden und in der Buchweizenbutter kurz mitrösten.
Die abgeschütteten Nudeln in eine Schüssel geben, Buchweizenbutter darüberschütten, mit den Nudeln vermengen.

Tip:

Der Nichtallergiker kann geriebenen Gouda über die Nudeln streuen. Wenn Knoblauch vertragen wird, 1 zerquetschte Knoblauchzehe in die Pfanne geben.

Rezepte

Hirsotto

Zutaten:

3/4 l Gemüsebrühe

1 EL (gestr.) gekörnte
Gemüsebrühe

250 g Möhren

200 g Hirse

200 g Erbsen
(tiefgekühlt oder frisch)

Petersilie

1 EL Basilikum
(frisch oder getrocknet)

2 EL Butter

Kräutersalz

Zubereitung:
Brühe in einem großen Topf zum Kochen bringen.
Möhren putzen, waschen, fein würfeln.
Hirse und Möhren in die Brühe schütten, 10 Minuten zugedeckt auf kleiner Flamme kochen.
Erbsen zufügen, weitere 10 Minuten kochen.
Petersilie und Basilikum waschen, hacken (getrocknetes Basilikum von Anfang an mitkochen).
Topf vom Herd nehmen,
erst direkt vor dem Essen Petersilie, Basilikum und Butter unter die Hirse mischen. Mit Kräutersalz abschmecken.

Tip:

Wenn er vertragen wird, geriebenen festen Schafskäse unter das fertige Hirsotto mischen (darauf achten, daß der Käse aus 100 % Schafsmilch ist!).
Für Nichtallergiker: Gouda.

Mittagessen

Gebratene Buchweizenschnitten

Zutaten:

200 g Buchweizenmehl

1/2 l Wasser

2 EL Honig

2 EL gehackte Mandeln

Öl für das Blech

Öl für die Pfanne

Zubereitung:
Wasser zum Kochen bringen, das Buchweizenmehl einstreuen, aufkochen und dabei umrühren. Kochstelle abschalten und die Masse 20 Minuten ausquellen lassen. Honig und gehackte Mandeln unter die Buchweizenmasse mischen. Den Brei auf ein geöltes Backblech streichen und ca. 1 Stunde abkühlen lassen.
Nach dem Erkalten die Buchweizenmasse in Schnitten schneiden (ca. 5 x 8 cm).
In einer Pfanne Öl erhitzen und die Schnitten darin von beiden Seiten goldgelb braten.

Zu diesem süßen Hauptgericht paßt Kompott.

Rezepte

Lauchtorte

Zutaten:

150 g Weizenvollkornmehl

75 g Butter oder Margarine

1/2 gestr. TL Vollmeersalz
evtl. etwas Wasser

500 g Lauch (geputzt)

1/2 TL Vollmeersalz

200 ml Wasser

1 EL Butter oder Margarine

1 EL (geh.) Weizenvoll-
kornmehl

Zubereitung:
Mehl, Butter und Salz verkneten.
1/2 Stunde kühl stellen.
In der Zwischenzeit den Lauch in
Ringe schneiden, im Salzwasser 10
Minuten dünsten.
Mit dem gekühlten Teig eine kleine
Springform auslegen,
ca. 10 Minuten vorbacken.
1 EL Mehl in der zerlassenen Butter
leicht anschwitzen, mit dem Lauch-
Kochwasser ablöschen, dabei kräftig rühren.
Schwitze über den Lauch geben,
mit Pfeffer, Salz und Oregano abschmecken,
auf dem vorgebackenen Boden verteilen, backen.

Backtemperatur: 200 Grad
Backzeit: 20 Minuten

Mittagessen

Kartoffel-Zucchini-Auflauf mit Grünkern

Zutaten:

100 g Grünkern

500 g gekochte Kartoffeln

300 g Zucchini

1 EL Margarine
oder Butterschmalz

2 EL Weizenvollkornmehl
o. Type 1050

400 ml Sojamilch

Gemüsebrühe

Vollmeersalz

150 g Tofu, gewürfelt

1/2 Bund Petersilie

Fett für die Form

Zubereitung:
Grünkern waschen, mit 300 ml Wasser etwa 10 Minuten kochen und bei schwacher Hitze 30 Minuten ausquellen lassen.
Gekochte Kartoffeln und Zucchini in Scheiben schneiden.
Eine Auflaufform gut fetten.
Zuerst die Kartoffeln hineingeben, dann die Zucchini, dann den gekochten Grünkern darüber verteilen.
Mehl im Fett anschwitzen, mit Sojamilch aufgießen, am besten mit dem Pürierstab klümpchenfrei rühren.
Aufkochen lassen, Platte ausschalten, Gemüsebrühe, Salz und Tofuwürfel zugeben und mit dem Pürierstab sahnig aufschlagen.
Petersilie fein wiegen und unter die Mehlschwitze rühren.
Mit der Soße den Auflauf übergießen, im Backofen, 1. Schiene von unten, backen.

Backtemperatur: 175 Grad
Backzeit: 30-40 Minuten

Tip:

Der Grünkern kann bereits 1–2 Tage vorher gekocht werden. Es lohnt sich, gleich mehr Grünkern zu kochen; den Rest kann man gut für Salat oder Getreide-Gemüsepfanne verwenden.

Abb.5: Desserts
- Carob-Pudding à la "Birne Helene" (Rezept S. 181), dazu Soja-Vanille-Dessert*
- Paradiescreme (Rezept S. 178)
- Soja-Vanille-Kaltschale (Rezept S. 177)

*Fertigprodukt

Abb. 6: Abendessen - Menü
- Erbsen-Kohlrabi-Rohkost mit Kräuter-Dressing mit Öl (Rezepte S. 164 und 156)
- links: Linsen-Brotaufstrich, Sesam-Brotaufstrich (Rezepte S. 142 und 143)
  rechts: Sonnenblumen-Brotaufstrich (Rezept S. 143)
  hinten: Vollkornbrot, Baguette (Rezepte S. 189 und 190), Sesam-Knäcke*
  auf dem Teller: Vollkornbrot mit Butter und Alfalfasprossen (siehe S. 150ff)
- Stiefmütterchentee*

---
*Fertigprodukt

Rezepte

Steckrübeneintopf

Zutaten:

1 mittelgr. Steckrübe

4–5 Möhren

7–8 Kartoffeln

Kümmel, gemahlen

Koriander, gemahlen

Vollmeersalz

1 EL Butter oder Margarine

1 EL Weizenvollkornmehl

Sojamilch

gekörnte Gemüsebrühe

Zubereitung:
Steckrüben und Möhren putzen, waschen, mit einem Hobel in Scheiben schneiden, in einen großen Topf geben, dabei schichtweise mit Kümmel und Koriander bestreuen, mit 1–2 Tassen Wasser zum Kochen bringen.
In der Zwischenzeit Kartoffeln schälen, waschen und in Würfel schneiden, auf das Gemüse geben, leicht salzen.
Auf kleiner Flamme ca. 20 Minuten garen.
Butter zerlassen, Mehl darüberstäuben, verrühren, dann mit dem Gemüsewasser auffüllen, dabei mit dem Schneebesen kräftig rühren, Sojamilch zugeben, bis eine sämige Soße entsteht, evtl. mit etwas gekörnter Gemüsebrühe würzen.
Steckrüben, Möhren und Kartoffeln vermischen, in eine Schüssel geben, mit der Soße übergießen.

Tip:

Für Nichtallergiker pro Person eine Kochwurst garen.

Blumenkohlsuppe

Zutaten:

1 mittelgroßer
Blumenkohl,
grün o. weiß

Gemüsebrühe

1 EL Öl

2 EL gemahlener Reis
(Reismehl)

1 Prise Muskat
(Vorsicht!)

Zubereitung:
Blumenkohl putzen, in kleine Rös-
chen zerteilen und mit ca. $^1/_2$-$^3/_4$ l
Wasser oder Gemüsebrühe ca. 10
Minuten kochen.
Reismehl unterrühren, etwa 5 Mi-
nuten nachquellen lassen und mit
dem Pürierstab pürieren.
Das Öl und evtl. eine Prise Muskat
unterrühren.

Tip:

Für Nichtallergiker: am Tisch Crème fraîche dazugeben.

Bohnensuppe I

Zutaten:

500 g grüne Bohnen

3 mittelgroße
rohe Kartoffeln

3 mittelgroße Möhren

1 kleine Stange Lauch

je 1 Zweig Majoran,
Liebstöckel
und Bohnenkraut
(zusammenbinden)

1,5 l Wasser

Gemüsebrühe
oder auch nur Salz

2 EL Öl

Zubereitung:
Bohnen putzen, waschen und in kleine Stücke schneiden.
Kartoffeln schälen, waschen und würfeln, Lauch waschen und in feine Ringe schneiden, Möhren putzen und mit einem Buntmesser in Scheiben schneiden.
Alle Zutaten ca. 30–45 Minuten kochen.
Kräuterbund herausfischen und die Suppe nach Belieben noch verdünnen oder andicken. Letzteres geht so: 2 mittelgroße rohe Kartoffeln fein reiben, gut unterrühren und nochmals kräftig mit der Suppe aufkochen lassen.

Tip:

Eine Variante der Bohnensuppe:
anstatt 500 g grüner Bohnen nur 250 g grüne und 250 g Palbohnen verwenden.

Bohnensuppe II

Zutaten:

750 g grüne Bohnen

gut 1 l Wasser

je 1 Zweig Majoran,
Liebstöckel und
Bohnenkraut
(zusammenbinden)

Gemüsebrühe
oder auch nur Salz

2 EL Öl

Zubereitung:
Bohnen putzen und in kleine Stükke schneiden.
Alle Zutaten ca. 30 Minuten kochen.
Kräuterbund herausfischen und mit dem Pürierstab kurz durch die Suppe gehen.

Tip:

Für Nichtallergiker: am Tisch etwas Crème fraîche dazugeben.

Rezepte

Frische Gemüsesuppe (mit Grießklößchen)

Zutaten:

1 l Gemüsebrühe

1 EL Butter oder Margarine

1 kleine Stange Lauch

3 Möhren

150 g Erbsen
(frisch oder tiefgekühlt)

150 g Blumenkohl

1 TL Vollmeersalz

Petersilie

Zubereitung:
Butter oder Margarine in einem großen Topf zerlassen.
Lauch und Möhren putzen, zerkleinern, in der Butter andünsten, mit warmer Gemüsebrühe (oder Fleischbrühe, siehe unten: „*Tip*") ablöschen.
Blumenkohl in kleine Röschen zerteilen, mit den Erbsen zur Brühe geben,
alles 20 Minuten leicht köcheln lassen.
Gegarte Grießklößchen (siehe Rezept „Grießklößchen", S. 103) hineingeben, mit viel Petersilie bestreut servieren.

Tip:

Anstatt der Gemüsebrühe kann, wenn es vertragen wird, auch **Fleischbrühe** als Grundlage benutzt werden. Dazu 1 Pfund Suppenfleisch in 1 l Wasser mit einem Lorbeerblatt, 2 Piment- und 3 Pfefferkörnern gar kochen. Das Fleisch herausnehmen, kleinschneiden, separat zur Suppe reichen.

Grießklößchen

Zutaten:

$^1/_2$ l Wasser

$^1/_4$ TL Vollmeersalz

175 g Vollweizengrieß

Zubereitung:
Wasser mit Salz zum Kochen bringen,
den Grieß unter kräftigem Rühren einstreuen.
Ca. 5 Minuten bei kleiner Hitze ausquellen lassen, etwas abkühlen lassen.
Kleine Klößchen formen (Hände dabei naß machen),
in leise köchelndem Wasser fertiggaren - nicht sprudelnd kochen lassen, sonst zerfallen die Klößchen!

Rezepte

Gemüse - Grundbrühe

Zutaten:

1 ½ l Wasser

1 TL Vollmeersalz

1 kg Gemüse
(je nach Jahreszeit;
auch Strünke und Blätter),
z.b. Lauch, Möhren,
Weißkohl, Blumenkohl,
Fenchel, Broccoli,
Spargelschale

1 Lorbeerblatt

1 Nelke

5 Pfefferkörner

5 Pimentkörner

2 Stengel Liebstöckel
(oder 1 TL getrockneten)

Zubereitung:
Alle Zutaten aufkochen und auf kleiner Flamme ca. 20 Minuten köcheln lassen, abseihen. Nicht benötigte Menge an Brühe einfrieren.

Die Grundbrühe kann die Grundlage jeder Suppe und vieler Getreidegerichte sein.

Kartoffelsuppe

Zutaten:

500 g rohe Kartoffeln

3 mittelgroße Möhren

1 Stange Lauch

1 Petersilienwurzel

ein paar Zweige Majoran

1 Zweig Liebstöckel

1 l Wasser

Gemüsebrühe

Kräutersalz

ein Schuß Öl

Zubereitung:
Kartoffeln schälen und in Würfel schneiden, Möhren putzen und ebenso würfeln.
Lauch putzen, in feine Ringe schneiden, den grünen Anteil beiseite stellen.
Petersilienwurzel schälen und würfeln.
Alle Zutaten mit der angegebenen Wassermenge ca. 20-30 Minuten kochen.
Die Kräuter herausfischen und das Gemüse mit einem Kartoffelstampfer zerdrücken. Wer es feiner haben möchte, geht mit dem Pürierstab durch den Topf.
Evtl. nochmals abschmecken und das fein geschnittene Lauchgrün unterrühren. Falls die Suppe zu dick ist, noch etwas Wasser dazugeben.

Tip:

Für Nichtallergiker: braune Zwiebeln und/oder etwas Sahne darüber geben.

Rezepte

Linsensuppe

Zutaten:

250 g Linsen

3 mittelgroße
rohe Kartoffeln

2 mittelgroße Möhren

1 Stange Lauch

1,5 l Wasser

Gemüsebrühe

ein paar Zweige Majoran

3 EL Öl

evtl. etwas Vollmeersalz

ein kleiner Schuß
Obstessig zum
Abschmecken

Zubereitung:
Linsen waschen.
Geschälte Kartoffeln und geputzte
Möhren in Würfel schneiden.
Lauch putzen und in Ringe schneiden.
Alle Zutaten in einen Schnellkochtopf geben und ca. 20-30 Minuten kochen.
Majoranzweige herausfischen und
die Suppe evtl. noch abschmecken.

Dies ist eine sehr sättigende Eintopfsuppe. Wer statt der Suppe lieber einen Eintopf möchte, nimmt einfach etwas weniger Wasser oder mehr Linsen.

Vierkörnersuppe

Zutaten:

1 $1/2$ l Gemüse-Grundbrühe

je $1/2$ Tasse Weizen, Hirse,
Nacktgerste, Nackthafer

1 Möhre

1/2 Blumenkohl

150 g Erbsen
(tiefgefroren oder frisch)

150 g Mais
(tiefgefroren oder frisch)

1 kleine Stange Lauch

Vollmeersalz

Petersilie

Zubereitung:
Am Vorabend:
Getreidekörner waschen, in einem
großen Topf mit der Gemüsebrühe
einmal aufkochen lassen, quellen
lassen.
Am nächsten Tag die Körnermischung zum Kochen bringen;
Gemüse putzen, zerkleinern, dazugeben, 15 Minuten köcheln lassen.
Mit Salz abschmecken, mit Petersilie bestreuen.
Mit Butter- oder Margarineflöckchen servieren.

Rezepte

Zucchinisuppe

Zutaten:

500-750 g Zucchini

Gemüsebrühe

1 EL Öl

1-2 EL gemahlener Reis
(Reismehl)

2 EL Kürbiskerne

Zubereitung:
Zucchini waschen und grob würfeln.
Mit etwa einem 3/4 l Wasser, der Gemüsebrühe und dem Öl erhitzen.
Bißfest garen, die Schale soll noch eine schöne grüne Farbe haben (dauert nur wenige Minuten).
Gemahlenen Reis unterrühren und ein paar Minuten nachquellen lassen; dabei den Topf von der Kochstelle nehmen.
Das Ganze mit dem Pürierstab pürieren und am Tisch gehackte, leicht geröstete Kürbiskerne darüberstreuen.

Hinweis:
Sollte die Suppe etwas zu dick geraten sein, einfach etwas Wasser hinzufügen.

Tip:
Anstatt der Zucchini Möhren nehmen und mit gerösteten Würfeln von Vollkornbrötchen servieren.
Zucchini- und Möhrensuppe eignen sich vorzüglich für Kleinkinder als Soßen über Nudeln oder Reis.

Für Nichtallergiker: am Tisch etwas Crème fraîche dazugeben.

Zucchini-Kartoffel-Suppe

Zutaten:

1 Stange Lauch

2 EL Sonnenblumenöl

500 g Zucchini

1 l heißes Wasser

2 Würfel Gemüsebrühe

frischer Liebstöckel

500 g gekochte Kartoffeln

250 g grüne Erbsen (TK)

etwas Petersilie, gehackt

Zubereitung:
Lauch putzen, waschen und in einem hohen Topf in Öl dünsten. Zucchini schälen, würfeln, zum Lauch geben, glasig dünsten. Brühwürfel in einer Tasse heißem Wasser auflösen und unter Rühren in den Topf geben. Restliches Wasser angießen. Liebstöckel dazugeben, Suppe ca. 10 Minuten auf kleiner Flamme köcheln lassen. Kartoffeln würfeln. Kurz vor Ende der Kochzeit Kartoffelwürfel und Erbsen hinzufügen. Die angerichtete Suppe mit gehackter Petersilie bestreuen.

Rezepte

Chinesische Reispfanne

Zutaten:

1 Tasse Vollkornreis

2 Tassen Wasser

3-4 Möhren

1 Stange Lauch

1/2 Weißkohl,
klein bis mittelgroß

1 Zucchini
(nur in der Zucchini-Saison)

1-2 Tassen Mungbohnen-
sprossen (siehe S. 149ff,
Sprossen und Keime)

2-3 EL Sonnenblumenöl

1 EL Gomasio (Rezept S. 136)

2-3 EL Sojasoße

Vollmeersalz

Zubereitung:
Reis waschen, mit dem Wasser kurz aufkochen, auf kleiner Flamme ca. 20 Minuten kochen, dann bis zur Fertigstellung des Gemüses ausquellen lassen.
Gemüse putzen und in 2–3 cm lange Streifen schneiden, nacheinander in einer Pfanne im heißen Öl unter häufigem Rühren anbraten bzw. dünsten.
Mit Sojasoße und Gomasio, evtl. noch Vollmeersalz würzen, nach Wunsch etwas Wasser zugeben.
Zum Schluß die Mungbohnensprossen zugeben, kurz unter geschlossenem Deckel mitdünsten.
Gegebenenfalls die Soße mit etwas Tapiokamehl o. Speisestärke andicken.
Den Reis unter das Gemüse mischen, servieren.

Tip:

Eine geschmackliche Variante: mit den Möhren 1 EL Honig in die Pfanne geben (= glasieren). Wer Zwiebeln verträgt, dünstet als erstes Gemüse eine Zwiebel (ebenfalls in Streifen) an. Diese kann auch mit Honig glasiert werden.

Getreide-Gemüsepfanne

Zutaten:

Rest von gekochtem Reis,
Buchweizen, Hirse,
Dinkel oder Grünkern
(pro Person 1 kleine Tasse)

Gemüsemischung:
Lauch, Zucchini, Möhren,
Broccoli, TK-Erbsen,
Mais, Blumenkohl

Vollmeersalz

Thymian, gerebelt

Majoran, gerebelt

Öl für die Pfanne

Zubereitung:
Gemüse putzen, mundgerecht zer-
kleinern und in Öl bißfest dünsten.
Reis und Gewürze untermengen.

Tip:

Etwas Amaranth (vorgekocht) erhöht die Eiweiß-
wertigkeit.
Gebratene Tofuwürfel ergeben eine interessante
Variante.
Mit gebratenen Champignons oder Austernpilzen
schmeckt das Gericht besonders würzig.

Abb. 7: Kuchenbuffet
- Möhrenkuchen (Rezept S. 210)
- Hefe-Mandelzopf und Schnecken (Rezepte S. 198 und 199)
- Apfelstrudel (Rezept S. 179)
- Zwetschgenkuchen (Rezepte S. 203)
- Apfelguglhupf (Rezept S. 192)

Abb. 8: Naschereien
- Apfelkekse, Butterkekse, Sesamkekse (Rezepte S. 215, 214 und 213)
- Apfelfruchtschnitte (Rezept S. 173)
- Apfelringe
- Quittenbrot (Rezept S. 175)
- Eis-Moritze (Rezept S. 234)
- „Schoko"-Crossies (Rezept S. 182)
- Carob-Tafel*

---

*Fertigprodukt

Rezepte

Schnelle Nudelpfanne

Zutaten:

Reste von gekochten
Nudeln,
bevorzugt Spiralen

2 EL Margarine oder Öl

tiefgefrorene Gemüse-
mischung (o. frische)

Kräutersalz

2 EL Sesam

Kräuter

Hefeflocken

Zubereitung:
Tiefgefrorenes Gemüse im Fett biß-
fest dünsten.
Gekochte Nudeln und Sesam unter-
mengen, mit Salz und Kräutern
würzen.
Vor dem Servieren mit Hefeflocken
bestreuen.
Nach Geschmack das Gemüse mit
Sprossen und/oder Champignons
ergänzen.
Dazu schmeckt grüner Salat.

Kartoffelknödel von gekochten Kartoffeln

Zutaten:

500–750 g Kartoffeln
(gekocht vom Vortag)

100–125 g Kartoffelmehl

1-2 EL Reismehl (puderfein)

etwas Vollmeersalz

100–125 ml
kochend heißes Wasser

Zubereitung:
Kartoffeln fein reiben und in einer Schüssel mit Salz, Kartoffel- und Kartoffelmehl mischen. Heißes Wasser nach und nach dazugeben und die Masse gut durchkneten. Der Teig darf nicht zu weich sein.
Mit angefeuchteten Händen Knödel formen und in kochendes Wasser einlegen. Alle Knödel sollen nebeneinander Platz haben.
Bei mäßiger Hitze ca. 20 Minuten ziehen lassen (nicht stark kochen, sonst zerfallen sie). Nach dieser Zeit schwimmen die Knödel an der Oberfläche und haben sich mehrmals gedreht.
Übrig gebliebene Knödel sind ohne Wasser im Kühlschrank 2–3 Tage haltbar. Bei Bedarf nochmals im Wasser erwärmen.
Diese Knödel schmecken zu allen Fleischgerichten mit Soße.

Tip:

Gebratene Knödel: Dazu die Knödel in Scheiben schneiden und in einer Pfanne in reichlich Fett goldgelb braten. Verwendung wie Bratkartoffeln. **Süße Variante:** Knödel mit einer **Zwetschge** oder **Aprikose** füllen (Stein durch etwas Rohrohrzucker ersetzen). Die fertig gegarten Knödel in einer Mischung aus in heißem Fett gebräunten Semmelbröseln, Rohrohrzucker und Zimt wenden. Mit Kompott als Hauptgericht oder Nachtisch servieren.

Rezepte

Kartoffelplätzchen

Zutaten:

ca. 750 g gekochte Kartoffeln vom Vortag

etwas Weizenvollkornmehl, sehr fein, evtl. ausgesiebt bzw. Type 1050

etwas getrockneter Thymian, gerebelt

$^{1}/_{2}$ Bund glatte Petersilie, fein gewiegt

Vollmeersalz

1-2 EL Öl

Öl oder Kokosfett f. d. Pfanne

Zucchiniplätzchen

ca. 500 g Kartoffeln

200–300 g Zucchini, fein geraspelt (mit Schale)

übrige Zutaten und Zubereitung wie oben.

Zubereitung:
Kartoffeln schälen und fein reiben. Die übrigen Zutaten und so viel Mehl verkneten, bis ein geschmeidiger Teig entsteht. Plätzchen, etwa so groß wie Frikadellen, formen, in der Pfanne noch etwas flachdrücken und auf beiden Seiten goldgelb braten.

Geeignet
– als Beilage zu gebratenen Pilzen
– als Beilage zu Fleischgerichten, Schmorgurken, Linseneintopf
– für eine kleine Mahlzeit nach einer kräftigen Suppe (Beilage: Salat)
– als Mahlzeit für Kleinkinder (Beilage: Salatblätter oder Gurkenscheiben).

Tip:

Wenn der Teig schlecht formbar ist oder die Plätzchen zerfallen, 2 EL Tapioka-, Reis- oder Sojamehl oder 1 TL Guarkernmehl unterkneten. Für Nichtallergiker: geriebenen Käse unter den Teig mengen.

Kartoffelpüree

Zutaten:

ca. 1 kg mehligkochende
Kartoffeln

ca. 60 g Butter
oder Margarine

Sojamilch, leicht erwärmt

Vollmeersalz oder
Kräutersalz

Zubereitung:
Kartoffeln schälen, waschen, in Stükke schneiden, in wenig Wasser ca.
30 Minuten garen.
In eine Rührschüssel umfüllen und
sofort mit den Rührbesen des
Handrührers musig rühren.
Dabei die kleingeschnittene Butter
unterrühren, leicht salzen und so
viel Sojamilch dazugeben, bis das
Püree locker sämig ist.

Tip:

Gemüsebrühe anstatt Sojamilch verwenden; das Püree
schmeckt dadurch würziger.

Rezepte

Pfannen-Pommes

Zutaten:

pro Person 3 mittelgroße rohe Kartoffeln

Öl oder Kokosfett für die Pfanne

etwas Salz

Zubereitung:

Kartoffeln schälen und in Stifte schneiden oder hobeln (wie Pommes).

In einer Pfanne (Deckel nicht ganz aufgelegt) unter mehrmaligem Wenden ca. 20–30 Minuten goldgelb braten. Zum Schluß mit etwas Salz bestreuen.

Diese Kartoffeln können als Beilage zu vielen Gerichten gegessen werden. Kindern schmecken sie auch gut "pur" mit Gurkenscheiben.

Pommes frites

Zutaten:

1 kg Kartoffeln

ca. 2 l Sonnenblumenöl
oder 2 kg Kokosfett
für die Friteuse

Kräutersalz

Zubereitung:
Kartoffeln waschen, schälen, in Streifen schneiden.
Gründlich waschen, um die Stärke abzuspülen.
Auf Geschirrtuch ausbreiten, trokkentupfen; evtl. auf einem Backblech im Backofen 10 Minuten vortrocknen.
Fett in der Friteuse erhitzen, Kartoffelstreifen bei 170 Grad 12-15 Minuten lang ausbacken (Bedienungsanleitung Ihrer Friteuse beachten!).
Nach dem Ausbacken Fritiergut kurz abtropfen lassen und auf ein mit Backpapier belegtes Backblech schütten.
Mit Kräutersalz bestreuen und sofort servieren.
Dazu paßt als Alternative zur herkömmlichen Mayonnaise Tofusoße für Salate, Rezept S. 155.

Tip:

Pommes frites lassen sich gut für ein bevorstehendes Fest einfrieren. Dafür fritieren Sie die Kartoffelstreifen nur ca. 10 Minuten, bis sie goldgelb sind. Dann abkühlen lassen und *ungesalzen* einfrieren. Am Tag des Verzehrs werden die Pommes frites in heißes Fett gegeben (TK-Stufe der Friteuse) und 2-5 Minuten lang ausgebacken. Danach salzen und servieren.

Rezepte

Pommes frites im Topf

Zutaten:

1 kg Kartoffeln

Sonnenblumenöl

Kräutersalz

Zubereitung:
Kartoffeln waschen, schälen, in Streifen schneiden.
Gründlich waschen, um die Stärke abzuspülen.
Auf Geschirrtuch ausbreiten, trockentupfen; evtl. auf einem Backblech im Backofen 10 Minuten vortrocknen. Öl in einem weiten Topf erhitzen. Das Öl hat die richtige Temperatur, wenn sich am Holzstiel eines ins Öl getauchten Kochlöffels Blasen zeigen.
Vorfritieren: Kartoffelstreifen löffelweise einfüllen, unter Wenden hellgelb fritieren. Mit einem Gitterschaumlöffel herausnehmen. Wenn alle Kartoffelstreifen vorfritiert sind, werden sie löffelweise bis zum gewünschten Bräunungsgrad fertig fritiert. Danach mit dem Gitterschaumlöffel entnehmen und salzen. Sofort servieren.
Dazu paßt als Alternative zur herkömmlichen Mayonnaise Tofusoße für Salate, Rezept S. 155.

Mittagessen

"Stockerl"

Zutaten:

ca. 750 g gekochte
Kartoffeln vom Vortag

etwas feines
Weizenvollkornmehl,
evtl. ausgesiebt
bzw. Type 1050

Vollmeersalz

1–2 EL Öl

Öl oder Kokosfett
für die Pfanne

Zubereitung:

Kartoffeln schälen und fein reiben. Salz, Öl und so viel Mehl unterkneten, bis ein geschmeidiger Teig entsteht.
Fingerdicke Rollen formen.
Mit einem immer wieder bemehlten Messer Stücke von ca. 2 cm abschneiden und in der Pfanne durch öfteres Wenden goldgelb braten.
Immer nur so viele Stockerl in der Pfanne braten, daß der Pfannenboden eben bedeckt ist.
Im Backrohr warm halten, Gefäß dabei nicht zudecken.
Dazu passen gut: gedünsteter Weißkohl, Sauerkraut, grüne Bohnen, Fleischgerichte, Linseneintopf, Zucchini oder Schmorgurken.

Tip:

Mehlige Kartoffeln eignen sich besser als festkochende. Evtl. kann die Teigkonsistenz durch Hinzufügen von 1-2 EL Wasser und 1-2 EL puderartigem Reis- oder Tapiokamehl verbessert werden.

Rezepte

Bohnengemüse

Zutaten:

1 kg grüne Bohnen

1 Bund Bohnenkraut,
zusammengebunden

Gemüsebrühe

2–3 EL Weizenvollkornmehl
o. Type 1050

2–3 EL Öl

1 kleiner Schuß Obstessig

Zubereitung:
Bohnen putzen und in ca. 5 cm lange Stücke schneiden.
Bohnen mit Bohnenkraut und Gemüsebrühe in gut 1/2 l Wasser 20–30 Minuten kochen.
Bohnenkraut herausnehmen, alles durch ein Sieb gießen und die Flüssigkeit auffangen.
Öl und Mehl im Topf anschwitzen, mit der Kochflüssigkeit ablöschen; evtl. Pürierstab benutzen, falls sich Klümpchen bilden.
Etwa 5 Minuten köcheln lassen, Essig und die Bohnen dazugeben. Nicht mehr kochen lassen.
Paßt gut zu: Frikadellen aus Rinderhack, Putensteak, Bratkartoffeln, Kartoffelplätzchen, Pell- oder Salzkartoffeln.

Grüne Bohnen

Ganze, geputzte Bohnen ca. 20 Minuten in wenig Wasser dünsten, sie sollen noch eine schöne grüne Farbe haben.
Etwas Kräutersalz und Öl dazugeben – fertig!

Broccoli

Zutaten:

750 g Broccoli

200 g Wasser

1 gestr. TL Vollmeersalz

1 EL Butter oder Margarine

1 EL Weizenvollkornmehl

Petersilie

Zubereitung:
Broccoli in große Röschen teilen (Stiele mitverwenden), waschen, ins kochende Wasser geben, ca. 10 Minuten garen.
Butter zerlassen, das Mehl darin leicht anschwitzen,
mit dem Kochwasser ablöschen (kräftig mit dem Schneebesen rühren), mit Salz und Pfeffer abschmecken.
Die Schwitze über den auf einer Platte angerichteten Kohl geben, mit Petersilie bestreut servieren.

Rezepte

Möhrengemüse

Zutaten:

500–750 g Möhren

Gemüsebrühe

2–3 EL Öl

2–3 EL Weizenvollkornmehl
o. Type 1050

1 EL Öl

Zubereitung:
Möhren putzen und in Würfel oder mit dem Buntmesser in Scheiben schneiden.
Möhren mit 1/2 l Wasser und Gemüsebrühe ca. 15 Minuten kochen.
Alles durch ein Sieb gießen und die Kochflüssigkeit auffangen.
2–3 EL Öl und Mehl in einem Topf anschwitzen, mit der Kochflüssigkeit ablöschen; evtl. Pürierstab benutzen, falls sich Klümpchen bilden.
Etwa 5 Minuten köcheln lassen und die Möhren dazugeben, vor dem Servieren 1 El Öl unterrühren.

Als Beilage zu verwenden wie Bohnengemüse.

Tip:

Schwarzwurzeln werden auf die gleiche Weise zubereitet.
Für Nichtallergiker: Mit einem Schuß Sahne kann man das Gemüse noch verfeinern.

Rotkohl

Zutaten:

1 mittelgroßer Kopf Rotkohl

1–2 Äpfel

1 EL Pflanzenfett o. Margarine

Kümmel, gemahlen

Koriander, gemahlen

1 Lorbeerblatt

Vollmeersalz

Zubereitung:

Äpfel waschen, evtl. schälen, Kerngehäuse entfernen, in kleine Stücke schneiden.

Fett in einem Topf zerlassen, die Äpfel darin andünsten, dabei ab und zu umrühren.

In der Zwischenzeit den Rotkohl putzen (äußere Blätter entfernen, waschen, vierteln, den Strunk herausschneiden) und mit dem Messer oder Hobel in Streifen schneiden (Rohkost- o. Küchenmaschine: Scheibentrommel).

Rotkohl zu den Äpfeln geben, schichtweise leicht mit Kümmel und Koriander bestreuen, ab und zu umrühren. Zum Schluß leicht salzen, das Lorbeerblatt dazugeben und mit ca. 2 Tassen Wasser aufgießen.

Den Rotkohl auf kleiner Flamme ca. 30-45 Minuten garen.

Dazu schmeckt sehr gut: Kartoffelpüree oder gegarter Dinkel und für Nichtallergiker Bratwurst.

Rezepte

Gedünsteter Weißkohl

Zutaten:

ca. 1 kg Weißkohl

500–750 ml Wasser

Gemüsebrühe

1 EL Honig

Kräutersalz

3 EL Öl

etwas Kümmel

1 Pr. Muskat (Vorsicht!)

1 EL Obstessig
oder Molkosan

1 mittelgroße
rohe Kartoffel

Zubereitung:
Weißkohl fein schneiden oder hobeln und mit dem Wasser und allen Zutaten, bis auf den Essig und die Kartoffel, weichdünsten (30–40 Minuten).
Kartoffel schälen, sehr fein reiben und gut unter den gedünsteten Weißkohl rühren. Nochmals aufkochen lassen und evtl. noch etwas Wasser zugeben.
Nochmals abschmecken und Essig oder Molkosan hinzufügen.
Dazu passen Kartoffelplätzchen, "Stockerl" oder Bratkartoffeln.

Tip:

Für Nichtallergiker: gebratene Speckwürfel und braune Zwiebeln unterrühren.

Wirsingrollen "Peking"

Zutaten:

1 mittelgroßer
Kopf Wirsingkohl

200 g Langkornreis

1 TL Salz

2 kleine Möhren

1/2 Stange Lauch

evtl. 1 Tasse
Linsensprossen

150 g Tofu

2 EL Sojasoße
zum Marinieren

1 TL Pilze, gemahlen
(Fertigprodukt)

Sonnenblumenöl
oder Margarine
zum Anbraten

etwas kaltes Wasser

1 EL klare Hefe-
oder Gemüsebrühe

ca. 2 EL Reismehl

etwas Sojamilch

Zubereitung:
Reis waschen und garen.
Die äußeren, nicht brauchbaren Blätter des Kohls entfernen und den Kohlkopf vorsichtig entblättern. Dicke Rippen flachschneiden.
Blätter ca. 10 Minuten in Salzwasser kochen, danach abtropfen lassen.
Für die Füllung:
Tofu ganz fein würfeln und in Sojasoße marinieren. Sprossen blanchieren. Möhren putzen und raspeln, Lauch putzen und in feine Ringe schneiden. Tofuwürfel, Sprossen, Möhren, Lauch und Pilzpulver mit dem gegarten Reis mischen. In 6 Portionen aufteilen. Je 2-3 Kohlblätter übereinander legen, mit einer Portion der Füllung belegen und zur Roulade wickeln; mit Rouladenstäbchen oder Baumwollgarn fixieren.
Die Rollen in Öl oder Margarine anbraten, Wasser angießen, Brühe hinzufügen und für ca. 20 Minuten köcheln lassen. Etwas Sojamilch zum Soßenfond geben, mit Reismehl andicken; mit Salz oder Brühe abschmecken. Dazu paßt Reis mit Butter (ersatzweise Margarine) und Salz.

Tip:

Sind Tomaten verträglich, so können 2-3 Tomaten mitgegart werden, oder man schmeckt die Soße mit etwas Tomatenmark ab. Wer keinen Wirsingkohl mag, ersetzt ihn durch Weißkohl oder Chinakohl.

Rezepte

Bratlinge

Zutaten:

150 g Grünkern, die
Hälfte fein gemahlen, die
andere Hälfte mittelfein

50 g Hirse, fein gemahlen

2–3 TL Gemüsebrühe

Vollmeersalz

Thymian

Majoran

ca. 300 ml heißes Wasser

1 mittelgroße Möhre

ca. 150 g Zucchini

Sesam zum Wenden

Öl oder Kokosfett
für die Pfanne

Zubereitung:

Gemüsebrühe, Salz, Majoran und
Thymian über das Grünkern- und
Hirsemehl geben und mit dem ko-
chenden Wasser überbrühen.
Alles gut durchrühren und etwa 1/2
Stunde stehenlassen.
Inzwischen Möhren und Zucchini
fein raspeln und dann unter den
Teig kneten.
Falls der Teig zu weich ist, ein paar
Haferflocken untermengen und
dann kleine flache Bratlinge for-
men.
Bratlinge in Sesam wenden, in der
Pfanne noch etwas flachdrücken
und von beiden Seiten goldbraun
braten.
Ergibt etwa 15 Stück.
Dazu passen Salat und eine Kräu-
ter-Tofu-Soße.

Tip:

Sie können auch die Hirse weglassen und 200 g Grünkern nehmen. Falls Sie den Grünkern grob geschrotet
verwenden möchten, kochen Sie den Schrot mit dem
Wasser auf und lassen ihn dann ausquellen.
Selbstverständlich können Sie auch Sprossen unter den
Teig mengen; ein paar Rettich- oder Senfsprossen verleihen einen pikant-scharfen Geschmack.
Auch fein geschnittener Lauch ergibt einen guten Geschmack.

Körnige Bratlinge

Zutaten:

100 g Hafer

100 g Gerste

100 g Grünkern

1 kl. Stange Lauch

1 mittelgroße Möhre

1 kleine Zucchini

2 TL Gemüsebrühe

Kräutersalz

frische Kräuter

2–3 EL Sesam

evtl. Haferflocken
(mittelgrob)

Öl oder Kokosfett
für die Pfanne

Zubereitung:
Hafer und Gerste kochen (kann auch bereits am Vorabend gekocht werden). Gut abtropfen lassen.
Grünkern mehlfein mahlen und mit so viel kochendem Wasser überbrühen, daß ein relativ fester Brei entsteht. Einige Minuten quellen lassen.
Lauch in feine Ringe bzw. Streifen schneiden. Möhre und Zucchini fein raspeln. Frische Kräuter fein wiegen.
Alle Zutaten miteinander gut vermengen. Wenn die Masse etwas weich ist, Haferflocken unterkneten. Mit nassen Händen kleine flache Bratlinge formen und in reichlich Öl von beiden Seiten goldgelb braten. Dazu schmecken Salat und Möhren- oder Schwarzwurzelgemüse.

Tip:

Beim Getreide können Sie nach Belieben variieren, z.B. einen Teil von Gerste bzw. Hafer durch Hirse ersetzen.
Auch gekeimtes Getreide ist verwendbar.
Reste von gekochtem Reis finden hier ebenfalls noch gute Verwendung.

Rezepte

Frikadellen

Zutaten:

500 g Rinderhack

2 alte Vollkornbrötchen
(auch mit Sesam oder
Sonnenblumenkernen)

2 EL Reismehl

1 Bd. Petersilie,
fein gewiegt

Thymian

Majoran

Vollmeersalz

1 kl. Stange Lauch

Öl oder Kokosfett
für die Pfanne

Zubereitung:
Brötchen in warmem Wasser einweichen.
Lauch putzen, in Ringe oder Streifen schneiden und dann fein hakken.
Die ausgedrückten Brötchen und die übrigen Zutaten mit dem Hack gut verkneten.
Frikadellen formen und in der Pfanne nicht zu braun braten; evtl. Dekkel auflegen, damit sie eher dämpfen als braten.

Variante: Ersetzen Sie doch mal einen Teil des Hackfleisches durch Reste von gekochtem Grünkern oder Reis.

Tofuburger

Zutaten:

250 g Tofu

1 mittelgroße Möhre

1 kleine Stange Lauch

1 kleines Stück Zucchini

1 TL Sesam

Öl für die Pfanne

4 Vollkornbrötchen

Gurkenscheiben

Salatblätter

Alfalfa-
oder Rettichsprossen

Tofusoße

Zubereitung:
Tofu mit einer Gabel fein zerdrük-
ken.
Möhren und Zucchini fein raspeln,
Lauch in feine Ringe schneiden.
Sesam leicht rösten und im Mörser
zerkleinern (muß nicht unbedingt
sein).
Alle Zutaten gut vermengen. Falls
der Teig stark bröselt, ein paar Haferflocken und etwas Wasser zufügen.
Vier Bratlinge formen und in der
Pfanne von beiden Seiten nicht zu
scharf braten.
Brötchen mit je einem Bratling und
mit Gurkenscheiben, Salat, Sprossen
und Tofusoße (Rezept S. 132) füllen.

Rezepte

Tofusoße

Zutaten:

200 g Tofu

1–2 EL Obstessig
oder Molkosan

2–3 EL Öl

Kräutersalz

2 EL Wasser

Kräuter nach Wunsch

Zubereitung:
Tofu würfeln.
Alle Zutaten, außer den Kräutern, im Mixer oder mit dem Pürierstab schaumig-cremig schlagen. Falls eine dünnflüssigere Konsistenz gewünscht wird, noch etwas Wasser hinzufügen.
Falls die Soße mit Kräutern gewünscht wird, Kräuter fein wiegen und zum Schluß unterrühren.
Statt Tofu kann als Grundlage auch eine neutrale Sojacreme (Fertigprodukt) verwendet werden.
Die Soße kann auch als Mayonnaise-Ersatz oder als Remoulade, z.B. bei Bratlingen, verwendet werden.

Tip:

Fruchtige Variante: kein oder lediglich ein paar Tropfen Essig, dafür eine kleine Banane mitpürieren. Paßt gut zu Chinakohl und Chicoree.
Im Kühlschrank ist die Tofusoße einige Tage haltbar.

Weizenplinsen

Zutaten:

1/2 l Wasser

250 g Weizenvollkornmehl

1 TL Vollmeersalz

60 g Butter
oder Margarine

2 EL Sesam

Öl zum Braten

Zubereitung:
Wasser, Salz und Butter zum Kochen bringen,
das Mehl auf einmal einschütten, Kochplatte auf 0 schalten, kräftig mit einem Holzlöffel rühren, ca. 2 Minuten, es muß sich am Topfboden ein weißer Film bilden.
Etwas abkühlen lassen,
kleine Plinsen formen, Durchmesser ca. 6 cm.
In Sesam wenden und in einer Pfanne abbacken.
Dazu paßt sehr gut gedünstetes Gemüse mit einer Soße auf Mehlschwitzenbasis.

Rezepte

Gemüsepfannkuchen

Zutaten:

110 g Vollkornmehl
(Weizen, Gerste...)

2 EL Reismehl (puderfein)

2 EL feine Haferflocken

1 EL Gomasio

1/2 TL Vollmeersalz

2 EL Sojasoße

1 EL Sonnenblumenöl

200 ml Wasser

3 mittelgroße Kartoffeln

600–700 g Gemüse
(Möhren, Lauch,
Weißkohl, Zucchini,
Mungbohnensprossen),
geraspelt bzw. in Streifen
geschnitten

Sonnenblumenöl
zum Ausbacken

Zubereitung:
Mehl, Reismehl, Haferflocken, Gomasio und Salz vermischen. Sojasoße, Öl und Wasser nach und nach unterrühren. Kartoffeln raspeln, ebenfalls unterrühren, Teig quellen lassen. In der Zwischenzeit das Gemüse putzen und raspeln bzw. klein- oder in Streifen schneiden, unter den Teig mischen. Ca. 3 EL Sonnenblumenöl in einer Pfanne erhitzen. Pfannkuchen darin knusprig ausbacken (1–2 EL Teig pro Pfannkuchen). Am besten geht das in einer gußeisernen Pfanne.

Hinweis für Nichtallergiker:

Tomatensoße und Meerrettichsahne schmecken gut dazu.

Mittagessen

Kartoffel-Zucchinipuffer

Zutaten:

ca. 400 g rohe Kartoffeln

ca. 800 g Zucchini

4 EL kernige Haferflocken

6-8 EL feine Haferflocken,
Instantflocken
oder Haferkleieflocken

2 EL puderartiges
Reismehl oder
1 TL Guarkernmehl

evtl. etwas fein
gehackter Lauch

Vollmeersalz

evtl. etwas Mineralwasser

Öl oder Kokosfett
für die Pfanne

Zubereitung:
Haferflocken und Reismehl mit Mineralwasser zu einem dicken Brei verrühren und einige Minuten quellen lassen.
Kartoffeln und Zucchini fein raspeln, mit dem Brei, Salz und Lauch gut vermengen; evtl. noch etwas Mineralwasser hinzufügen.
In der Pfanne goldbraune Puffer ausbacken.
Dazu schmeckt grüner oder gemischter Salat.

Rezepte

Gomasio

Zutaten:

2-3 EL ungeschälter Sesam

Kräutersalz

Zubereitung:

Sesamkörner in der trockenen Pfanne bei mäßiger Hitze leicht rösten (wird sonst bitter).
In den Mörser geben, einige Prisen Kräutersalz (Menge nach Geschmack) darüberstreuen, zerstossen.
In ein kleines Schraubglas o.ä. füllen, am besten im Kühlschrank aufbewahren.

Tip:

Bereiten Sie nicht zuviel Gomasio auf einmal zu, da es schnell ranzig wird.
Zum Würzen vieler Suppen, Gemüse- und Getreidegerichte, auch anstelle von Salz.

Mittagessen

Verarbeitung eines Suppenhuhns

Suppenhuhn waschen und in reichlich Wasser, dem etwas Salz hinzugefügt wurde, garkochen. Nach dem Abkühlen Haut abziehen, Fleisch von den Knochen lösen und mundgerecht zerkleinern. Die Brühe findet für Suppen aller Art Verwendung. Aus dem Fleisch kann man leckeren Geflügelsalat oder Ragout für eine Hauptmahlzeit bereiten.

Ragout

Zutaten:	*Zubereitung:*
ca. 1/2 l Hühnerbrühe	Brühe zum Kochen bringen. Gebräuntes Mehl mit kaltem Wasser oder Sojamilch zu einem dünnflüssigen Brei verrühren. Mehlbrei in die kochende Brühe mit dem Schneebesen einrühren und einige Minuten weiterköcheln lassen. Fleisch und Kräuter hinzufügen, mit Gemüsebrühe, Salz und einem kleinen Schuß Obstessig abschmecken. Dazu reicht man Nudeln und Salat.
3 leicht gehäufte EL gebräuntes Mehl*	
etwas kaltes Wasser oder Sojamilch	
frische Kräuter	
Salz	
Obstessig	
Fleisch vom Suppenhuhn	

*(siehe S. 81)

137

Rezepte

Geflügelsalat

Zutaten:
gewürfelte Möhren (bißfest gegart)
Mais
TK-Erbsen
Champignons, TK bzw. Glas
gewürfelte Zucchini
fein geschnittener Lauch
Fleisch vom Suppenhuhn
Tofusoße (siehe Salatsoße 1 S.155)

Zubereitung:
Zutaten (Menge nach Belieben) entsprechend vorbereiten und miteinander vermengen.
Tofusoße zubereiten und unterziehen.

Tip:

Falls verträglich, kann man auch Ananas dazugeben.

Abendessen

Abendessen -
Was Ihnen dabei hilfreich sein könnte

Mit dem Abendessen haben Sie Gelegenheit, die Tagesbilanz der Ernährung für sich und Ihre Familie auszugleichen.

– Vielleicht wurde mittags kein Rohkostsalat gegessen – dann servieren Sie ihn doch am Abend! Sonst genügen auch Gurkenscheiben, Zucchinischeiben mit Kräutersalz, Kohlrabistreifen oder rohe Möhren.

Dazu können Sie Vollkornbrot mit Butter oder Margarine essen.

Als *Brotbelag* eignen sich
Sprossen (z.B. Alfalfa),
selbstgemachte Brotaufstriche (siehe S.142f.) und
vegetarische Aufstriche, die im Handel erhältlich sind,
Roastbeef,
Rinderzungenaufschnitt,
evtl. Ziegenkäse (oft milder als Schafskäse),
evtl. Schafskäse.
Achten Sie beim Kauf darauf, daß der Schafs- bzw. Ziegenkäse aus 100 % Schafs- bzw. Ziegenmilch hergestellt ist. Fordern Sie im Zweifelsfall ein Reinheitszertifikat vom Hersteller an.

– Als pikante Beilage eignet sich milchsauer eingelegtes Gemüse wie Rote Bete, Gurken, Maiskölbchen; bei Mischgemüse in Fertigprodukten sollten Sie aufmerksam die Zutatenliste lesen; bevorzugen Sie Produkte mit möglichst wenig Zutaten, die sämtlich als verträglich bekannt sind.

– Besteht großer Appetit auf einen kräftigen Salat, so können Sie Nudel-, Kartoffel- oder Geflügelsalat anbieten.

– Ebenso kann auch der Rest von einem leichten Mittagessen auf den Tisch gebracht werden.

Rezepte

Linsen-Brotaufstrich

Zutaten:

75 g Butter oder Margarine

2 Tassen Linsensprossen

Kräutersalz

evtl. Hefeflocken

Zubereitung:
Butter oder Margarine in der Pfanne zerlassen, Sprossen darin etwa 5 Minuten dünsten.
Sprossen erkalten lassen und dann pürieren.
Würzen und kühl servieren.

Hält sich im Kühlschrank einige Tage.

Hefeflocken-Brotaufstrich

Zutaten:

125 g Butter Margarine

2 Tassen Hefeflocken

1/2 Tasse gehackte Kräuter

1/4 bis 1/2 TL Kräutersalz

Zubereitung:
Margarine mit Gewürzen und Kräutern cremig rühren.
Hefeflocken nach und nach unterrühren.

Hält sich im Kühlschrank einige Tage.

Tip:

Hinweis für Nichtallergiker:
Knoblauch oder gedünstete Zwiebeln hinzufügen.

142

Abendessen

Sesam-Brotaufstrich

Zutaten:

100 g Sesam

150 g Butter
oder Margarine

$^{1}/_{2}$ TL Kräutersalz

Zubereitung:
Sesam in einer trockenen Pfanne
leicht anrösten und anschließend
im Mörser zerkleinern.
Sesam und Salz unter die Butter
oder Margarine rühren.

Hält sich im Kühlschrank einige Tage.

Sonnenblumen-Brotaufstrich

Zutaten:

200 g Sonnenblumen-
sprossen

$^{1}/_{2}$ Tasse Wasser

300 g Butter oder Margarine

Salz, evtl. Hefeflocken

Zubereitung:
Aus Wasser und Sonnenblumen-
sprossen im Mixer oder mit dem
Pürierstab eine Paste herstellen.
Paste mit den restlichen Zutaten
verrühren.

Hält sich im Kühlschrank einige Tage.

Salate, Sprossen und Keime

Salate, Sprossen und Keime –
Was Ihnen dabei hilfreich sein könnte

Im Rahmen einer frischkostbetonten Vollwertkost nehmen Salate – vorzugsweise als Rohkost genossen – einen wichtigen Platz ein. Obst und Gemüse für Ihre Salate sollten möglichst aus ökologischem Landbau stammen sowie vollreif und frisch sein (siehe auch Kapitel 4.1).

Kaufen Sie ein, was gerade Saison hat, und üben Sie sich beherzt im Kombinieren.

Schälen Sie nur die Obst- und Gemüsesorten, die notwendigerweise geschält werden müssen; oft genügen gründliches Waschen in handwarmem Wasser (Gemüsebürste) und Trockenreiben (z.b. bei Äpfeln, Möhren, jungem Kohlrabi).

Blattsalat waschen Sie zügig und nehmen ihn dann sofort aus dem Wasser, damit er abtropfen kann. Danach schneiden oder zerpflücken Sie ihn nach Wunsch; bedenken Sie jedoch, daß um so mehr Vitamine und Mineralstoffe verlorengehen, je mehr Sie die Blätter zerschneiden.

Einige Blattsalate wie z.B. Endiviensalat enthalten Bitterstoffe. Möchten Sie diese entfernen, so lassen Sie den gewaschenen und geschnittenen Salat für ca. 15 Minuten mit gut warmem Wasser bedeckt stehen und spülen anschließend mit kaltem Wasser nach. Damit müssen Sie allerdings auch einen gewissen Vital- und Mineralstoffverlust in Kauf nehmen.

Folgende Gemüsesorten eignen sich besonders gut für Salate:

Chinakohl Möhren Zucchini	Rotkohl Weißkohl Kohlrabi	} fein geraspelt	Eisbergsalat Endiviensalat Eichblattsalat
Fenchel Gurken	Blumenkohl Broccoli	} bißfest gegart	Lollo rosso Radicchio
Rapunzel Chicoree	Bohnen	gekocht	Römersalat Kopfsalat (Nitrat!)

Sie können die Salate einzeln oder gemischt genießen.

Rotkohl, Weißkohl und Kohlrabi schmecken allerdings für sich allein am besten.

- Rotkohlsalat mit einem grob geraspelten Apfel verfeinern.
- Mais und Tiefkühlerbsen bringen Abwechslung für das Auge.
- Zu Möhren und Zucchini passen gehackte Kürbiskerne.
- Gegartes Getreide (Reis, Grünkern, Dinkel, Buchweizen) mit Mais, Tiefkühlerbsen, Tofuwürfeln und Tofusoße kombinieren.
- Als Zwiebelersatz kleingeschnittenen Lauch verwenden.
- *Sprossen* und feingewiegte Kräuter nicht vergessen!

Sonnenblumenkernsprossen (2 Tage gekeimt) passen gut zu Möhren;

Weizen- oder Dinkelsprossen (2 Tage gekeimt) passen zu fast jedem Salat.

- Frische Küchenkräuter (Verträglichkeit testen!) können Sie im Sommer leicht im Kräuterbeet oder in Topfkultur ziehen und frisch ernten; im Winter greifen Sie auf getrocknete, tiefgekühlte oder in Öl eingelegte Kräuter zurück.

Salatsoßen

1. Tofusoße –
   schmeckt besonders gut zu Kohlrabisalat, Zucchinisalat, Getreidesalat, Rotkohlsalat
2. Kräuter-Dressing mit Öl –
   paßt besonders gut zu Blattsalaten und Gurkensalat
3. Weiße Salatsoße –
   schmeckt besonders gut zu allen Salaten, die pikant angemacht werden
4. Avocadosoße –
   paßt gut zu Blattsalat-Obst-Kombinationen

Findet Öl für die Salatsoße Verwendung, so sollten Sie immer kalt gepreßtes, nicht raffiniertes reines Pflanzenöl wählen. Gut verträglich sind meist Sonnenblumen- und Maiskeimöl, evtl. Olivenöl.

Unsere leichten Rohkostsalate, die schnell zubereitet sind, eignen sich sehr gut als Vorspeise zur Mittags- oder Abendmahlzeit. Die kräftigen Gerichte, wie z. B. Kartoffelsalat, können Sie auch als Hauptgericht servieren.

Wir empfehlen, zumindest einmal täglich eine Portion Frischkostsalat zu verzehren; können Sie das einmal nicht einrichten, so reichen Sie einfach vor der Hauptmahlzeit rohes Obst oder Gemüse, das aus der Hand gegessen werden kann (Apfel, Birne, Banane, Möhre, Kohlrabi, Gurke).

Probieren Sie auch Zucchinischeiben, bestreut mit etwas Kräutersalz!

Sprossen und Keime

Mit Hilfe von Sprossen und Keimen gelingt es, die Qualität der Nahrung erheblich zu steigern.

Den Chinesen war die Methode des Keimens schon 3000 v. Chr. bekannt (das Himalaya-Volk der Hunzas hat gekeimte Körner verwendet, um den rauhen Winter zu überstehen). Auch die Azteken und Phönizier praktizierten das Keimen. Die Seefahrer im 18. Jh. beugten dem Skorbut vor, indem sie neben Sauerkraut auch Bohnen-, Erbsen- und Gerstenkeimlinge aßen.

Mit keinem anderen Lebensmittel können Sie so viele Nähr- und Vitalstoffe in so konzentrierter Form wie mit Keimen und Sprossen zu sich nehmen. Beim Vorgang des Keimens nehmen Fette und Kohlenhydrate ab (Abbau in Einfachzucker), Eiweiße vermehren sich und werden teilweise bereits in einzelne Eiweißbausteine (Aminosäuren) zerlegt; ebenso vermehren sich die Vitamine (50–200%!) und Mineralien. Die allergene Wirkung von Roggen, Hafer, Weizen, Dinkel und Gerste nimmt deutlich ab.

Tabelle 7:

"Nährstoffgehalt im Weizen, ungekeimt und gekeimt", Gehalt in mg/100g
(aus: HELLERMANN, M., Gut essen und leben mit Neurodermitis, Selbstverlag 1990)

	Weizen ungekeimt	Weizen gekeimt
Proteine	12,1	25,5
Calcium	41,0	901
Phosphor	372	1100
Magnesium	120	400
Eisen	3,3	8
Kupfer	0,17	1,3
Vitamin A	0,12	-
Vitamin C	0	1

Folgende Saaten sind geeignet:

- *Getreide:*
  Weizen, Dinkel, Sprießkorngerste, Sprießkornhafer, Roggen, Mais, Reis, Buchweizen
- *Hülsenfrüchte:*
  Linsen, Mungbohnen, Azukibohnen, Kichererbsen, Erbsen (unbedingt vor dem Verzehr 2–5 Minuten blanchieren!)
- *Samen:*
  Alfalfa (Luzerne), Kresse, Senf, Rettich, Sonnenblumenkerne, Leinsamen

Die praktischste Methode ist das Keimen im *Keimgerät*; es funktioniert jedoch auch gut im *Glas*.

Für das Keimen im Glas

- Keimgut gründlich waschen,
- in ein Einweckglas geben, mit Gaze verschließen (Gummi) und das Glas umgekehrt leicht schräg auf einen Teller stellen, damit das restliche Wasser abfließen kann;

- nicht zu dunkel, nicht zu hell stellen, bei ca. 20 °C. Manche sagen auch: im Dunkeln ankeimen lassen, dann erst dem Licht aussetzen;

- täglich 2-4mal spülen, dabei bei den Hülsenfrüchten die abgesprengten Schalen obenauf schwimmen lassen und abfischen.

- Der Keimvorgang ist beendet bei *Getreide und Hülsenfrüchten,* wenn der gewachsene Keimling so groß ist wie das Keimgut selbst; bei *Sprossen aus Samen:* wenn sich erste grüne Blätter zeigen, sich aber noch nicht voll entfaltet haben.

- Abspülen, gut abtropfen lassen und im Kühlschrank bis zur Verwendung aufbewahren (einige Tage durchaus möglich);

- Verwendung: in Salaten, im Müsli, im Frischkornbrei, auf das Brot (Alfalfa, Kresse, Senf), in Suppen, Eintöpfen oder einfach so.

Wichtig:
Unmittelbar vor dem Verzehr die Keimlinge gründlich unter fließendem Wasser durchspülen.

Um eine eventuelle mikrobielle Belastung der Keimlinge zu reduzieren, empfiehlt sich das anschließende Blanchieren in der doppelten Menge Wasser für etwa eine halbe Minute. Danach sofort servieren!

Wer trotz regelmäßigen Verzehrs von Keimen und Sprossen Zweifel an seiner ausreichenden Versorgung mit Mineralstoffen und Spurenelementen hat, sollte dieses mit seinem Arzt besprechen. Im Falle einer Unterversorgung kann der Arzt ein individuell abgestimmtes Präparat verordnen.

Tabelle 8:

"Keime und Sprossen auf einen Blick" (verändert aus: HELLERMANN; M.,
Gut essen und leben mit Neurodermitis, Selbstverlag 1990)

Samen-sorte	Einweich-zeit in Stunden	tägl. Spül-vorgänge	Keim-dauer in Tagen	Länge des erntereifen Keims	Ertrag: Samen zu Sprossen
Azukibohnen	18	2-3	4	Bohnenlänge	1:4
Alfalfa/Luzerne	5	2–3	7	3–5 cm	1:6
Bockshornklee	5	2–3	2	Samenlänge	1:4
Buchweizen	-	2	2–3	0,5 cm	1:3
Erbsen	12	4	3	Erbsenlänge	1:2
Gerste	12	2	2–3	Kornlänge	1:2,5
Hafer	4	2	2–3	Kornlänge	1:2
Hirse	8	3	3	0,2 cm	1:2
Kichererbsen	12	4	3	0,5 cm	1:4
Kresse	6	2	2	Samenlänge	1:2
Kürbis	16	3	3	0,3 cm	1:2
Lein-samen	4	4	2	Samenlänge	1:1,5
Linsen	8–10	3	3	2 cm	1:5–6
Lunja-bohnen	10–12	1–2	3	Bohnenlänge	1:4
Mung-bohnen	12	2–3	4–6	2–5 cm	1:5–6
Reis	12	2–3	3	Kornlänge	1:2,5
Rettich	4	3–4	2–4	0,3 cm	1:3
Roggen	12	2	2–3	Kornlänge	1:2,5
Senf	6	1	2–3	1 cm	1:2
Sesam	4	2	2	0,2 cm	1:1,5
Soja-bohnen	12	4	3	1 cm	1:4
Sonnen-blumenkerne	12	2–3	2	Kernlänge	1:3
Weizen	12	2–3	2–3	Kornlänge	1:2,5

Rezepte für Salatsoßen

Salatsoßen

1. Tofusoße

Zutaten:

ca. 200 g Tofu

1–2 EL Obstessig
oder "Molkosan"

2–3 EL Öl

Kräutersalz

2 EL Wasser

Kräuter nach Wunsch

Zubereitung:
Tofu würfeln.
Alle Zutaten, außer den Kräutern, im Mixer oder mit dem Pürierstab schaumig-cremig schlagen. Falls eine dünnflüssigere Konsistenz gewünscht wird, noch etwas Wasser hinzufügen.
Falls die Soße mit Kräutern gewünscht wird, Kräuter fein wiegen und zum Schluß unterrühren.

– Statt Tofu kann als Grundlage eine fertig erhältliche Sojacreme genommen werden
(auf Zutaten achten!).

– Die Soße kann auch als Mayonnaise-Ersatz benutzt werden bei Bratlingen- oder „Tofu-Burgern" oder als Remoulade, z. B. bei Bratlingen.

Tip:

Fruchtige Variante:
kein oder lediglich ein paar Tropfen Essig, dafür eine kleine Banane mitpürieren. Paßt gut zu Chinakohl und Chicoree.
Im Kühlschrank ist die Tofusoße einige Tage haltbar.

Rezepte

2. Kräuter-Dressing mit Öl

Zutaten:

3 EL Öl

1 TL Apfel-Fruchtwürze
oder Apfel-
oder Birnendicksaft

$1/_2$-1 TL Kräutersalz

etwas Obstessig
oder Molkosan

5 EL Wasser

Zubereitung:
Das Öl mit den Gewürzen und dem
Wasser zu einem glatten Dressing
rühren.

3. Weiße Salatsoße

Zutaten:

$1/_2$ Tasse Sojamilch

2 TL Obstessig

3 TL Apfel-Fruchtwürze
oder Apfel-
oder Birnendicksaft

2 EL Öl

etwas Salz

Zubereitung:
Sojamilch und Obstessig mit dem
Pürierstab kräftig schlagen.
Übrige Zutaten hinzufügen und al-
les gut miteinander verrühren.

Salatsoßen

4. Avocadosoße

Zutaten:

1 reife Avocado

150 g Apfelsaft

2 EL Apfel-Fruchtwürze

50 g Bananenscheiben

evtl. 50 ml Mineralwasser

Zubereitung:
Die Avocado dünn schälen, den Kern auslösen und das Fruchtfleisch grob zerschneiden.
Die Hälfte des Apfelsaftes mit dem Avocadofruchtfleisch in den Mixer füllen und pürieren.
Apfel-Fruchtwürze und die Bananenscheiben sowie den restlichen Apfelsaft nach und nach dazugeben und zu einer glatten Creme verarbeiten.
Evtl. mit Mineralwasser die Konsistenz der Soße verändern.

Rezepte für Salate

Abb. 9: Salate und Salatsoßen
- Endiviensalat (Rezept S. 163)
- Rotkohlsalat (Rezept S. 163)
- Chinakohl-Möhren-Salat (Rezept S. 163)
- Alfalfasprossen (auf dem Kresse-Igel) (siehe S. 149ff)
- Kräuter-Dressing mit Öl (Rezept S. 156)
- Weiße Salatsoße (Rezept S. 156)
- Avocadosoße (Rezept S. 157)

Abb. 10: Abendessen - Brotbeläge und -aufstriche
- Baguette mit Tofu-Brotaufstrich "Rustikal"*
- Sonnenblumen-Brotaufstrich (Rezept S. 143ff)
- Ziegengouda*, Ziegenrolle,* Ziegenfrischkäse*
- Feige
- Alfalfasprossen (siehe S. 149ff)
- milchsauer eingelegte Maiskölbchen*
- milchsauer eingelegte Rote Bete*
- Butterkügelchen

---
*Fertigprodukt

Salate

Chinakohl-Möhren-Salat
Chinakohl fein schneiden, Möhren grob raspeln.
Dazu Soße 2 oder 3.

Endiviensalat
Endivienblätter waschen und in feine Streifen schneiden.
Mit gut warmem Wasser bedeckt ca. 15 Minuten stehenlassen
(nimmt den bitteren Geschmack), mit kaltem Wasser nachspülen.
Dazu Soße 2, 3 oder 4.

Mit Radicchio gemischt, sieht dieser Salat nicht nur appetitlich bunt
aus, sondern schmeckt auch gut.

Fenchel-Möhren-Salat
Fenchel fein hobeln, Möhren raspeln.
Dazu Soße 1, 2 oder 3.

Kohlrabi-Salat
Kohlrabi fein raspeln.
Dazu Soße 2 oder 3.

Römersalat
Blätter waschen und in feine Streifen schneiden.
Dazu Soße 2, 3 oder 4.

Rotkohlsalat
Rotkohl fein raspeln und einen ebenfalls geraspelten Apfel unter-
mengen.
Dazu Soße 1 oder 2.

Weißkohlsalat I
Weißkohl fein raspeln, etwas Salz darüberstreuen und in einer
Schüssel kneten wie einen Teig, bis Saft austritt. Dann Öl (wenn
verträglich, Olivenöl), Obstessig, 2 TL Honig und evtl. Kümmel
dazugeben.

163

Rezepte

Weißkohlsalat II

Zutaten:

300 g Weißkohl

1 TL Vollmeersalz

3 EL Oliven-
oder Sonnenblumenöl

1 TL Obstessig (kann bei
Unverträglichkeit auch weg-
gelassen werden)

Schnittlauch

Zubereitung:
Weißkohl hobeln, mit dem Salz
leicht durchkneten (nicht beim
Sommerkohl, der wird sonst zu
weich!),
das Öl und eventuell den Essig untermischen, ca. 30 Minuten ziehen lassen, mit Schnittlauchröllchen bestreut servieren.

Zucchini-Möhren-Salat

Zucchini und Möhren grob raspeln. Dazu Soße 1, 2 oder 3.

Erbsen-Kohlrabi-Rohkost

Zutaten.

300 g Kohlrabi (geputzt)

200 g Möhren (geputzt)

300 g Erbsen
(frisch oder tiefgekühlt)

Soße:

3 EL Sonnenblumenöl

3 EL Sojamilch

1 EL Obstessig

1 Prise Vollmeersalz

Zubereitung:
Kohlrabi und Möhren grob raspeln.
Erbsen auftauen, dazugeben.
Salatsoße anrühren, über das Ge-
müse geben, vermengen.
Mit etwas zartem Grün vom Kohlra-
bi garnieren.

Salate

Rote Bete-Rohkost

Zutaten:

300 g Rote Bete

2 Äpfel

100 g gegarter Grünkern

Soße:

1 pürierte Banane

1 EL Obstessig

2 EL Sonnenblumenöl

Zubereitung:
Rote Bete und Äpfel raspeln, mit dem Grünkern vermengen. Salatsoße anmachen, über die Rohkost geben, mit einigen Apfelscheiben garniert servieren.

Schneller Apfel-Möhren-Salat

Zutaten:

2 mittelgr. Äpfel (à 150 g)

2 mittelgr. Möhren (à 125 g)

80 g Rosinen

100 ml Apfelsaft

evtl. 1 EL Sonnenblumenkerne

Zubereitung:
Rosinen waschen, dann in Apfelsaft einweichen.
Inzwischen Äpfel und Möhren putzen und raspeln (Universal-Zerkleinerer).
Apfel- und Möhrenraspel mit Rosinen und Saft mischen.
Salat auf 4 Glasschälchen verteilen und mit Sonnenblumenkernen garnieren.

Rezepte

Möhren-Apfel-Rohkost

Zutaten:

3 mittelgroße Möhren

2 Äpfel

etwas Öl

etwas Apfel-
bzw. Birnendicksaft
oder Apfelfruchtwürze

Zubereitung:
Möhren und Äpfel putzen und grob raspeln.
Öl und Dicksaft oder Fruchtwürze hinzufügen.
Alle Zutaten miteinander mischen und den Salat in einer Glasschale servieren.

Getreidesalat

Zutaten:

1 Tasse gegarter Dinkel

1 Tasse gegarte Gerste

1 Tasse gegarter Grünkern

einige Tofuwürfel

einige EL TK-Erbsen

einige gegarte Möhren

etwas gegarter Mais

gewürfelte Zucchini

2 TL gekörnte Gemüsebrühe

$^1/_2$ Tasse heißes Wasser

1 Apfel, gewürfelt

Tofusoße (siehe Rezepte für Salatsoßen S. 155)
Kräuter und Sprossen, soweit vorhanden.

Zubereitung:
Getreide, Tofu, Erbsen, Möhren, Mais und Zucchini miteinander vermengen.
Gemüsebrühe mit dem heißen Wasser verrühren und darübergießen.
Tofusoße (S. 155) untermengen.
Kräuter und Sprossen hinzufügen.

Salate

Kartoffelsalat

Zutaten:

500 g noch heiße Pellkartoffeln (festkochende Sorte)

etwas Lauch, fein geschnitten

2 EL Öl

2 TL Obstessig o. Molkosan

$^1/_2$ TL Kräutersalz

1 TL Gemüsebrühe

$^1/_2$ Tasse Wasser

Zubereitung:
Kartoffeln gleich nach dem Kochen pellen und in Scheiben schneiden. Gemüsebrühe im heißen Wasser auflösen, über die Kartoffeln gießen, ebenso die restlichen Zutaten darübergeben und alles gut durchmengen.
Noch lauwarm schmeckt dieser Kartoffelsalat am besten und paßt gut zu Frikadellen und Bratlingen.

Nudelsalat

Zutaten:

gekochte Nudeln (z.B. Spiralnudeln)

gekochte Möhren

TK-Erbsen

Mais, gegart

etwas gewürfelte Zucchini

evtl. etwas gegartes Geflügelfleisch

Tofusoße (sieheRezepteS.155) oder neutrale Sojacreme

etwas Obstessig bzw. Molkosan

etwas Salz

etwas Apfel- o. Birnendicksaft o. Apfelfruchtwürze

Zubereitung:
Nudeln, Möhren, Erbsen, Mais, Zucchiniwürfel und Fleisch miteinander vermengen.
Tofusoße herstellen und unterziehen oder aus Sojacreme, Obstessig bzw. Molkosan, Salz und Dicksaft eine Soße bereiten und diese unterziehen.

Zwischenmahlzeiten und Naschereien

Zwischenmahlzeiten und Naschereien - Was Ihnen dabei hilfreich sein könnte

Auch bei Zwischenmahlzeiten und kleinen Naschereien zwischendurch sollte der Nährwert neben der Gaumenfreude an erster Stelle stehen.

Frisches Obst (Äpfel, Birnen, Bananen...) oder auch Trockenfrüchte (Apfelringe, Weinbeeren, getrocknete Birnen, Aprikosen, Datteln – alle immer ungeschwefelt und ungezuckert!) stillen durch ihren natürlichen Zuckergehalt meist schon das Verlangen nach Süßem und führen dem Körper dabei auf einfachstem und billigstem Weg Vitamine, Mineralstoffe und Ballaststoffe zu. Sie sollten daher jedem so „gesunden" Keks oder Müsliriegel vorgezogen werden (zumal diese selten ohne zusätzliches Süßen auskommen).

Besonders von Kleinkindern, bei denen erfahrungsgemäß das Geschmacksempfinden noch relativ unverdorben ist, wird dieses Angebot sehr gerne angenommen. Apfelschnitze, dazwischen in Scheiben geschnittene Bananen oder Birnenwürfel, verziert mit Holzspießchen (gibt es z. B. mit Fähnchen), eventuell mit einigen Weinbeeren, machen jedem Keksteller Konkurrenz!

Für die von der Süßigkeitenindustrie verwöhnten Gaumen gibt es mittlerweile in Reformhäusern, Naturkostläden oder in den Naturkostabteilungen vieler Supermärkte gesunde Alternativen: Fruchtschnitten, Carob-Rosinen (darauf achten, daß der Carobüberzug ohne Milchzusatz ist), Kekse und Waffeln (ohne Milch, Eier, Nüsse!), Popkorn ohne Zuckerzusatz, Vollkornbrezeln, Müslimischungen; selbst Gummibärchen (ohne Zitronensäure), Lutscher und Soja-Tafeln (als Schokoladenalternative) sind mittlerweile auf dem Markt.

Führt Ihr Reformhaus oder Naturkosthändler diese Produkte nicht, sprechen Sie ihn darauf an. Bei häufiger Nachfrage wird er sein Sortiment sicher erweitern.

Leider haben alle diese Produkte auch ihren – meist hohen – Preis, so daß wir Ihnen hier Rezepte anbieten, nach denen Sie preiswerte Zwischenmahlzeiten und Naschereien selbst herstellen können, meist sogar ohne großen Aufwand.

Halten Sie sich dabei aber immer vor Augen, daß die tägliche Zufuhr zusätzlicher Süße (außer dem natürlichen Zuckergehalt in frischem Obst) so gering wie möglich gehalten werden soll.

Naschereien - außer frischem Obst - sollten nicht in den täglichen Speiseplan aufgenommen, sondern nur bei besonderen Gelegenheiten angeboten werden.

Zwischenmahlzeiten und Naschereien

Bananen-Shake

Zutaten pro Glas:

200 ml Sojamilch
(Fertigprodukt)

$^1/_2$ vollreife Banane

1 Prise Bourbon-Vanille

Zubereitung:
Zutaten im Mixgerät pürieren.
Getränk in Gläser füllen und sofort
servieren.

Apfel-Fruchtschnitte

Zutaten:

60 g Honigmarzipan

60 g kleingeschnittene
getrocknete Apfelringe

40 g Rosinen

1/2 TL Zimt

1 Msp. Bourbon Vanille

Vollkorn-Oblaten

Zubereitung:
Alle Zutaten gut verkneten.
Auf eine rechteckige Vollkorn-
Oblate streichen, evtl. mit dem
Wellholz ca. 1 cm dick ausrollen.
Eine zweite Oblate darauflegen,
andrücken.
Das Ganze mit dem Messer in 1-2 cm
breite Streifen schneiden.
In einer Dose aufbewahren.

Tip:

Wer keine Oblaten mag, rollt die Masse zu Kugeln und
wälzt sie dann evtl. in Kokosraspeln.

Rezepte

Fruchteis am Stiel

Zutaten:

500 g frische
oder tiefgekühlte Früchte
der Saison, möglichst
von Natur aus süß

Zubereitung:

Frische Früchte putzen, waschen; TK-
Ware auftauen; pürieren.
Fruchtmus in Stielförmchen füllen
und im Gefrierschrank oder ***-Fach
des Kühlschrankes mehrere Stunden
gefrieren lassen.

Tip:

Folgende Kombinationen eignen sich besonders gut:

Banane/Erdbeere
Banane/Erdbeere/Himbeere
Banane/Erdbeere/Heidelbeere
Erdbeere/Heidelbeere
Erdbeere/Heidelbeere/Himbeere

Bananeneis erhalten Sie aus Bananenpüree mit Bourbon-
Vanillepulver, evtl. mit etwas Sojamilch gestreckt.

Zwischenmahlzeiten und Naschereien

Quittenbrot

Zutaten:

ca. 1 kg Quitten
(evtl. 2–3 EL Honig)

Zubereitung:
Die Quitten mit einem Küchentuch abreiben, schälen, vom Kerngehäuse befreien und in Stücke schneiden. In etwas Wasser (nur soviel, daß die Quitten nicht am Topfboden anhängen) weich dünsten.
Haben die Quitten sehr viel Saft abgegeben, diesen abschütten (Quittensaft, vermischt mit Apfelsaft, ergibt ein köstliches Gelee!). Quitten pürieren, evtl. etwas Honig untermischen – bei sehr reifen Früchten ist das nicht nötig.
Das Mus auf ein *geöltes* Backblech streichen und im Backofen (50 Grad) trocknen lassen. Dabei einen Kochlöffelstiel zwischen die Ofentür klemmen, damit sie etwas geöffnet bleibt. Das fertige Quittenbrot – es hat eine "lederne" Konsistenz – mit der Schere in mundgerechte Stücke schneiden.
Quittenbrot in einer Plastikdose oder einem Glas kühl aufbewahren.

Tip:

Quittenbrot eignet sich sehr gut als "gesunde" Nascherei bei süßem Appetit, vor allem, wenn es ohne zusätzliche Süße zubereitet wird. Es können auch ohne weiteres 1–2 Äpfel mitgedünstet werden. Werfen Sie den Fruchtrückstand beim Entsaften von Quitten und Äpfeln für Gelee nicht weg, stellen Sie davon das leckere Quittenbrot her!

Rezepte

Bratäpfel

Zutaten:

8 Äpfel

2 EL flüssiger Honig

3 EL gehackte
Sonnenblumenkerne

2 EL Rosinen
o. fein geschnittene,
getrocknete Aprikosen

2 EL gehackte Mandeln

Öl oder Margarine
für die Form

Zubereitung:
Äpfel waschen und mit einem
Apfelausstecher das Kerngehäuse
entfernen.
Honig mit den Sonnenblumenkernen, Rosinen und Mandeln mischen und in die Äpfel füllen.
Gefüllte Äpfel in eine gefettete Form
setzen und im Backofen, 2. Schiene
von unten, backen (Zeit ist von der
Apfelsorte und -größe abhängig).

Backtemperatur: 150–175 Grad
Backzeit: 25–45 Minuten
Dazu paßt Vanille-Dessert oder
Vanillesoße.

Dessert-Creme mit Tofu

Zutaten:

250 g Tofu

250 g Obst
(z.B. Himbeeren,
entsteinte Kirschen,
Erdbeeren, Bananen,
weiche Birnen,
Heidelbeeren)

1-2 EL Honig

1-2 TL Molkosan bei Obst,
das zum Braunwerden neigt

Zubereitung:
Alle Zutaten in einem Mixer oder
mit dem Pürierstab zu einer glatten Creme aufschlagen.
Vor dem Servieren kalt stellen.

Zwischenmahlzeiten und Naschereien

Soja-Vanille-Kaltschale mit Früchten

Zutaten:

500 g Soja-Vanille-Dessert
(Fertigprodukt)

100 ml Wasser

8 EL Apfel- o. Birnendicksaft

100 g getrocknete
Aprikosen oder andere
Trockenfrüchte

2 TL Agar-Agar

6 EL Wasser

Zubereitung:
Aprikosen in kleine Würfel schneiden und in Wasser und Apfeldicksaft 1–2 Stunden einweichen.
Aprikosen mit der Flüssigkeit erhitzen. Agar-Agar mit Wasser glattrühren und mit dem Schneebesen gut unter die aufgekochten Aprikosen rühren; ca. 2 Minuten unter ständigem Rühren weiterkochen.
Soja-Vanille-Dessert in eine Rührschüssel geben und die kochende Flüssigkeit mit dem Schneebesen sorgfältig unterrühren. Auf kleine, kalt ausgespülte Schälchen verteilen, oder in eine passend große Schüssel geben. Kalt stellen. Nach dem Erkalten ist die Masse fest geworden und kann gestürzt werden.

Torte für den Kindergeburtstag:
Masse auf Carob-Rührteigboden (Rezept S. 205) streichen, mit oder ohne Obst; wenn die Masse halb erstarrt ist, mit Gummibärchen (Reformhaus, ohne Zitronensäure!) verzieren.

Tip:
Verfeinern mit frischem, tiefgefrorenem o. eingewecktem Obst: Früchte erst unter die Masse heben, nachdem der mit Agar-Agar aufgekochte Apfeldicksaft in das Soja-Vanille-Dessert eingerührt wurde.
Als Kuchenbelag: Masse auf einen Rühr- oder Mürbeteigboden oder Obsttörtchen (können auf Vorrat aus Mürbteig gebacken werden) geben; wenn die Masse halb erstarrt ist, evtl. noch mit Obst und/oder Carobraspeln verzieren.

Rezepte

Paradiescreme

Zutaten:

2 Avocados

2 Äpfel

1 große Birne oder Mango

2 kleinere Bananen
(einige Scheiben als
Garnierung
zurückbehalten)

Zubereitung:
Früchte schälen, Fruchtfleisch fein schneiden bzw. Birne, Mango und Apfel im Universal-Zerkleinerer zu Schnitzen verarbeiten.
Alles im Mixer pürieren, bis eine glatte Creme entsteht.
Creme in Glasschalen, mit Bananenscheiben garniert, *sofort* servieren. (Wenn die Creme längere Zeit steht, verfärbt sie sich!)
Sollte wider Erwarten ein Rest übrig bleiben, so füllen Sie ihn gleich in ein Stieleisförmchen und verwandeln ihn in ein Fruchteis.

Tip:

Nichtallergiker geben einen Tupfer Schlagsahne auf die Creme.

Zwischenmahlzeiten und Naschereien

Apfelstrudel

Zutaten:

250 g Hartweizenmehl,
fein gemahlen

1 Prise Vollmeersalz

3 EL Sonnenblumenöl

1 TL Obstessig
oder Molkosan

125 ml lauwarmes Wasser

750 g Äpfel

2 EL Margarine

1/2 TL Zimt
(falls verträglich)

50 g Rosinen

50 g gehackte Mandeln
o. Sonnenblumenkerne

Honig nach Belieben

Öl zum Beträufeln
und Bestreichen

Zubereitung:
Hartweizenmehl in eine Schüssel geben, Salz, Öl, Essig und Wasser hinzufügen, kneten, bis der Teig geschmeidig ist und nicht mehr klebt. Teig zu einer Kugel formen, mit Öl bestreichen und in einer gut verschließbaren Schüssel etwa 1 Stunde ruhen lassen. Zwischenzeitlich die Äpfel schälen, in kleine Stücke schneiden und mit den übrigen Zutaten kurz dünsten. Abkühlen lassen. Die Hälfte des Strudelteiges auf einem bemehlten Tuch hauchdünn zu einem Rechteck ausrollen und die Hälfte der Füllung darauf verteilen; Rand frei lassen. Mit Öl beträufeln. Das Ganze mit Hilfe des angehobenen Tuches zu einem Strudel aufrollen und die Teigränder vorsichtig zusammendrücken. Mit der Nahtstelle nach unten vorsichtig in eine gefettete Auflaufform oder auf ein gefettetes Backblech gleiten lassen. Mit der 2. Hälfte genauso verfahren. Strudel mit Öl bestreichen und auf der 2. Schiene von unten backen.
– Schmeckt als Nachtisch warm mit Vanillesoße
– schmeckt kalt zum Tee

Backtemperatur: 200 Grad
Backzeit: etwa 50 Minuten

Tip:
Strudel einmal pikant *mit Hack- oder Gemüsefüllung,* z.B. *Lauchfüllung:* 600–700 g Lauch in Ringe schneiden und mit 250 g zerdrücktem Tofu in etwas Öl dünsten; mit Gemüsebrühe, Kräutersalz und Thymian würzen. Weiter verfahren wie beim Apfelstrudel. Dazu schmeckt Salat. Oder einen Strudel mit Apfelfüllung, einen mit Lauchfüllung zubereiten.

Rezepte

Mandelpudding

Zutaten:

2 EL Carob, leicht gehäuft

etwas Wasser

1/2 l Sojamilch

3–5 EL Honig

50 g Dinkelvollkornmehl, fein

50 g gemahlene Mandeln

Zubereitung:
Carob in etwas Wasser sieben und glattrühren.
Sojamilch zum Kochen bringen und den glattgerührten Carob und Honig hineinrühren.
Mehl unter ständigem Rühren in die kochende Flüssigkeit einstreuen und ca. 2 Minuten kochen lassen. Dann die gemahlenen Mandeln unterziehen.
Die Masse auf kleine Schälchen verteilen oder in eine mit kaltem Wasser ausgespülte Form füllen und erkalten lassen.
Falls erwünscht, stürzen und mit Vanilledessert, pürierten Früchten oder Kompott servieren.

Zwischenmahlzeiten und Naschereien

Carob-Pudding

Zutaten:

500 ml Sojamilch

2 EL Carob,
schwach gehäuft

4 EL Maizena,
schwach gehäuft

1-2 EL Rohrohrzucker

Soja-Dessert Vanille
(Fertigprodukt)

Zubereitung:

Einige EL Sojamilch in einer Tasse mit den übrigen Zutaten verrühren (Carob evtl. durchsieben). Restliche Sojamilch aufkochen. Topf von der Kochstelle nehmen, Inhalt der Tasse in die heiße Sojamilch einrühren und nochmals unter Rühren aufkochen. In vier kleine Schüsselchen verteilen und erkalten lassen. Vor dem Servieren Vanille-Dessert darübergießen.

Tip:

Pudding über gedünstete Birnenhälften geben und noch warm servieren. Der Pudding kann 3–4 Tage im Kühlschrank aufbewahrt werden. Dazu am besten in kleine, gut verschließbare Dosen geben.

Rezepte

Vanillesoße

Zutaten:

1 Vanilleschote

$^1/_4$ l Wasser

40 g Dinkelvollkornmehl, fein

3 EL flüssiger Honig

200 ml Sojamilch

Zubereitung:
Vanilleschote mit einem spitzen Messer aufschlitzen, das Mark herauskratzen und Schote und Mark in dem Wasser aufkochen. Schote herausnehmen.
Mehl unter Rühren in das Vanillewasser geben und zu einem dicken Brei ausquellen lassen.
Den Brei etwas abkühlen lassen, dann den Honig und die Sojamilch gut unterrühren (evtl. Pürierstab verwenden).
Lauwarm oder kalt verwenden.

"Schoko"-Crossies

Zutaten:

$^1/_2$ Carob-Tafel, leicht gesüßt (50 g; milchfrei, Rohrohrzucker-gesüßt)

Cornflakes (ohne Zucker)

Zubereitung:
Carob-Tafel zerkleinern, im Wasserbad schmelzen, mit einer Gabel umrühren.
So viele Cornflakes unter die Carobmasse mischen, daß sie leicht davon umhüllt sind.
Mit einem Teelöffel Häufchen auf ein Stück Backpapier setzen, abkühlen lassen.
In einer Dose aufbewahren (damit die Crossies kross bleiben).

Tip:

Wer Kakao verträgt, kann anstatt der Carob-Tafel eine Soja-Tafel mit Kakao (ebenfalls milchfrei) verwenden.

Zwischenmahlzeiten und Naschereien

„Schoko"-Waffeln

Zutaten:

12 Scheiben Waffelbrot
(ungesüßt, Fertigprodukt)

Für die Füllung:

"Schoko"-Aufstrich,
aromatisiert
(siehe Rezept S. 75)

Zubereitung:
8 Waffelscheiben recht dick mit der Füllung bestreichen.
Je 2 bestrichene Scheiben aufeinander setzen und mit einer dritten (unbestrichenen) Waffelscheibe abdecken.
Jeden Waffelstapel in 2 oder 4 kleine Stapel schneiden. Sofort servieren.

Carob-Rosinen

Zutaten:

160 g Rosinen

1 Carob-Tafel,
leicht gesüßt
(100 g; milchfrei,
Rohrohrzucker-gesüßt)

Zubereitung:
Carob-Tafel im Wasserbad schmelzen. Rosinen in die Carob-Masse schütten und mit einer Gabel so lange rühren, bis die Rosinen rundum mit Carob-Masse überzogen sind. Rosinen gabelweise entnehmen, etwas abtropfen lassen und zum Trocknen auf Backpapier legen. Nach dem Trocknen im Glasschälchen servieren.

Tip:

Wer Kakao verträgt, kann die Rosinen mit einem Überzug aus geschmolzener Soja-Tafel mit Kakao (ebenfalls milchfrei, Rohrohrzucker-gesüßt) versehen.
Hübsch verpackt in kleine Cellophan-Tüten, eignen sich Rosinen mit Carob- oder Kakao-Überzug vorzüglich als Geschenk für große und kleine Naschkatzen.

Kuchen und Gebäck

Kuchen und Gebäck -
Was Ihnen dabei hilfreich sein könnte

Der Verzicht auf Milch und insbesondere Eier fällt beim Backen am stärksten ins Gewicht. Es ist daher oft schwierig, in Bäckereien, Naturkostläden oder Reformhäusern Kuchen und Gebäck für den Neurodermitiker zu finden.

Hefeteig gelingt hervorragend ohne Eier, auch Mürbeteig. Ein Ersatz für Eier ist dabei nicht erforderlich. Schwer vorstellbar ohne Eier ist allerdings der Rührteig. Der Handel bietet dafür Ei-Ersatzpulver an, das Backergebnis damit ist allerdings nicht zufriedenstellend (der Kuchen wird sehr krümelig). Wir haben deshalb in unseren Rührteigrezepten zusätzlich Reis- oder Sojamehl und Guarkernmehl (evtl. auch Lecithin) zugefügt (siehe „Grundrezept Rührteig" S. 205).

Grundsätzlich sollten Sie frisch gemahlenes Vollkornmehl (Getreide aus ökologischem Landbau) verwenden, dabei ist der Dinkel, die Urform des Weizens, dem Weizen vorzuziehen. Sein Gluten weist offensichtlich eine geringere Allergenität als das des Weizens auf. Wer eine Mühle besitzt, mahlt das Getreide direkt vor dem Backen. In vielen Naturkostläden und Reformhäusern können Sie sich Ihr Getreide beim Kauf auch gleich mahlen lassen. Bewahren Sie dieses Mehl bitte nicht zu lange auf, denn da es nicht behandelt wurde und den vollen Fettanteil des Getreidekornes enthält, wird es leicht ranzig und verliert außerdem durch die Lagerung sauerstoffempfindliche Vitamine.

Wenn Sie viel backen, sollten Sie den Kauf einer Getreidemühle (mittlerweile gibt es auch für viele Küchenmaschinen die passenden Zusätze) in Erwägung ziehen. Um die Ihrem Bedarf entsprechende Mühle zu finden, ziehen Sie die Fachliteratur zu Rate (z.B. die "Test"-Hefte der Stiftung Warentest).

Für Vollwertkost-Einsteiger unser Rat: Mischen Sie anfangs, um die Familie an die Vollkornprodukte zu gewöhnen, Vollkornmehl mit Mehl der Type 1050 bzw. ausgesiebtem Mehl (d.h. die Kleie bleibt beim Sieben im Haarsieb zurück). Die beim Aussieben anfallende

Kleie können Sie problemlos unter Brot- oder Brötchenteig mischen, löffelweise dem Müsli zugeben oder zum Ausstreuen der Brotbackform verwenden.

Übrigens muß das Brötchenbacken zu Hause gar nicht so lange dauern, wie manch einer denken mag. Wenn die Zeit knapp ist, können Sie den Hefeteig zum Gehen in einer verschlossenen Schüssel in gut warmem Wasser schwimmen lassen. Wenn der Deckel hochgeht, ist der Teig genug gegangen. Die Gehzeit verkürzt sich bei dieser Methode um die Hälfte.

Noch ein Wort zu Butter und Margarine: Grundsätzlich können Sie die in unseren Rezepten angegebene Margarine natürlich durch Butter (Sauerrahmbutter) ersetzen, sofern sie vertragen wird. Im akuten Stadium der Neurodermitis ist es allerdings ratsam, zunächst ausschließlich Pflanzenmargarine aus nicht gehärteten und nicht umgeesterten Ölen und Fetten, frei von tierischem Eiweiß und Laktose zu verwenden. Ihr Naturkostladen- oder Reformhausinhaber kann Ihnen entsprechende Produkte nennen.

Kuchen und Gebäck

Vollkornbrot
(Backen im Römertopf, gelingt auch dem Anfänger immer!)

Zutaten:

675 g Weizenvollkornmehl

$^1/_2$ l lauwarmes Wasser

$^1/_2$ Würfel Hefe

2 TL Vollmeersalz

1 TL Honig

Zusätzlich

können in den Teig:

150 g Sonnenblumenkerne

oder
100 g Sonnenblumenkerne
 50 g Leinsamen

oder Rosinen,
Menge nach Geschmack

oder Gewürze
(z.B. Anis, Fenchel,
Koriander)

oder ca. 3 EL angekeimte
Hirsekörner oder

ca. 3 EL ungeschälter
Sesam

Zubereitung:
Zuerst den Römertopf wie gewohnt wässern.
Wasser in die Rührschüssel geben.
Hefe hineinbröseln, Salz und Honig dazugeben, mit den Knethaken gut vermischen,
Mehl eßlöffelweise dazugeben, alles gut 3 Minuten kneten; der Teig soll zähklebrig sein.
Ganz nach Geschmack etwas von den nebenstehenden Zusätzen zum Teig geben und 1 Minute weiterkneten.
Den Teig in der Schüssel zugedeckt 30 Minuten gehen lassen, danach nochmals kurz durchkneten.
Den leicht trockengetupften Römertopf mit Öl ausstreichen und gründlich mit Schrot oder vom Mehl ausgesiebter Kleie ausstreuen.
Den Teig mit dem Teigschaber in den Römertopf füllen, Deckel aufsetzen und in den kalten Backofen, unterste Schiene, schieben.
Nach dem Backen auf ein Gitter stürzen und auskühlen lassen.

Backtemperatur: 250 Grad
Backzeit: 60 Minuten

Rezepte

Baguettes

Zutaten:

500 g Weizenvollkornmehl o.Type 1050

1 TL Lecithinpulver (entspricht 2,5 g)

5 g (1 TL) Rohrohrzucker

5 g (1 TL) Margarine oder Butter

10 g (2 TL) Vollmeersalz

10 g Hefe

300 ml lauwarmes Wasser

Zubereitung:
Alle Zutaten - bis auf die Hefe und das Wasser – trocken vermischen. Die Hefe im Wasser auflösen, zu der Mehlmischung geben, alles mit dem Knethaken des Handrührers oder der Küchenmaschine 2–3 Minuten kneten. Den Teig zugedeckt 60 Minuten ruhen lassen. Den Teig in 3 Teile teilen, leicht rundrollen und abgedeckt (mit einer Plastiktüte oder Schüssel) 10 Minuten ruhen lassen (damit er sich leichter formt). Jedes Teigstück auf der Arbeitsfläche flach drücken zu einem Rechteck, evtl. Wellholz zu Hilfe nehmen. Dabei die Arbeitsfläche *nicht* bemehlen! Die langen Seiten etwas einschlagen und mit Hilfe eines Teigschabers das ganze Rechteck gleichmäßig zu einer Rolle weiterrollen.

Die drei Baguettes nebeneinander auf Backpapier legen und mit einem sehr scharfen Messer mehrmals schräg einschneiden. Dazu mit der ganzen Klinge schneiden: ansetzen und blitzschnell durch den Teig ziehen. Die Baguettes evtl. mit etwas Weizen- oder Roggenmehl bestäuben und das Blech mit den Baguettes wieder mit einer Plastiktüte abdecken, dabei Gläser dazwischenstellen, damit sie nicht am Teig klebt. Die 2. Ruhezeit beträgt 45 Minuten, 50 Minuten bei Type 1050. Bei längerer Ruhezeit wird das Brot flacher!
Zwischenzeitlich den Backofen aufheizen: 250 Grad.
Vor dem Einschieben der Brote kochendes Wasser in die Fettpfanne schütten, das Brot einschieben und die Backtemperatur auf 240 Grad herunterschalten. Durch die hohe Luftfeuchtigkeit werden die Baguettes schön knusprig.

Backtemperatur: 240 Grad
Backzeit: 30 Minuten

Kuchen und Gebäck

Rosinen-Mandel-Brötchen

Zutaten:

350 ml kaltes Wasser

1 Würfel Hefe

10 g Vollmeersalz

450 g Dinkelvollkornmehl

130 g Weinbeeren

150 g Mandeln,
in Scheiben geschnitten
oder gemahlen

50 g Sonnenblumenkerne

1/2 TL Bourbon-Vanille

Zubereitung:
Wasser, Hefe und Salz mit einem Schneebesen gut verrühren, das Mehl nach und nach unterrühren, dann auch alle anderen Zutaten.
Den Teig 10–15 Minuten kräftig kneten, evtl. mit den Knethaken des Handrührers.
Brötchen formen: ca. 60 g Teig abnehmen, auf der *unbemehlten* Arbeitsfläche unter der hohlen Hand (nur die Fingerspitzen und das Handgelenk liegen auf) kreisend formen. Darauf achten, daß die Weinbeeren gut in den Teig eingearbeitet sind, sonst werden sie beim Backen schwarz.
Brötchen auf einem gefetteten Backblech, abgedeckt mit einem Tuch, 20 Minuten gehen lassen.
In den (250 Grad) vorgeheizten Ofen eine flache Schale mit kochendem Wasser stellen, Brötchen einschieben.

Backtemperatur: 250 Grad
Backzeit: 20 Minuten

Rezepte

Apfelguglhupf

Zutaten:

500 g Weizen-
oder Dinkelvollkornmehl

1 Msp. Vollmeersalz

80–100 g Margarine, weich

100–150 g Honig

250 ml lauwarmes Wasser

1 Würfel Hefe

500 g Äpfel, grob geraspelt

50 g Rosinen

50 g gehackte Mandeln
o. Sonnenblumenkerne

Fett für die Form

Sesam zum Ausstreuen
der Form

Zubereitung:
In einer Tasse die zerbröckelte Hefe, 2 TL Mehl, 1 TL Honig mit etwa 50 ml lauwarmem Wasser verrühren und diesen Vorteig aufgehen lassen, bis die Tasse voll ist. Zum Mehl Salz, weiche Margarine und Honig geben, restliches Wasser und den Vorteig darübergießen und alles zu einem glatten Teig verkneten, bis er die Schüssel "putzt". Teig zugedeckt so lange gehen lassen, bis sich sein Volumen etwa verdoppelt hat. Den gut gegangenen Hefeteig noch einmal kräftig durchkneten und dabei Äpfel, Rosinen und gehackte Mandeln untermengen. Eine Guglhupfform gut einfetten, mit Sesam ausstreuen und den Teig hineinfüllen. Dabei die Form nur zu $^3/_4$ füllen, evtl. Teigrest in eine kleine Kastenform füllen. An einem warmen Ort noch einmal etwa 30 Minuten gehen lassen. In den kalten Backofen schieben, unterste Schiene, und backen. Nach dem Backen auf ein Kuchengitter stürzen, gut auskühlen lassen.

Backtemperatur: 180–200 Grad
Backzeit: 50–60 Minuten

Tip:
Falls Zimt verträglich ist, 1 TL davon unter den Teig mengen. Wenn die Zeit knapp ist, folgendermaßen verfahren: Teig in einer Schüssel anrühren, die mit einem Deckel gut zu verschließen ist. Zum Gehen die verschlossene Schüssel in gut warmem Wasser schwimmen lassen. Wenn der Deckel hoch geht, ist der Teig genug gegangen (verkürzt die Zeit um etwa die Hälfte).

Kuchen und Gebäck

Apfelbrot

Zutaten:

550 g Dinkelvollkornmehl

1 Würfel Hefe

340 ml lauwarmes Wasser

1 EL Honig

250 g Äpfel,
kleingeschnitten
o. geraspelt

50 g Rosinen

50 g Sonnenblumenöl
o. Margarine

3 EL Weizenkeime
o. Kokosraspel

10 g Vollmeersalz

1 TL Zimt

Zubereitung:
Mehl in eine Schüssel geben, in die Mitte eine Vertiefung drücken. Hefe hineinbröckeln, mit einem Teil des Wassers verrühren, dann das restliche Wasser und den Honig nach und nach unterrühren.
Diesen Vorteig 10-15 Minuten abgedeckt ruhen lassen, dann die restlichen Zutaten unterkneten, bis ein geschmeidiger Teig entsteht.
Diesen auf dem Tisch zu einem Brotlaib formen und auf ein bemehltes Backblech legen *oder*
in einen gewässerten und gefetteten, mit Kleie oder Mehl ausgestreuten Römertopf legen; Deckel aufsetzen.
Nochmals 15 Minuten Teigruhe, anschließend backen.

Backtemperatur: 220 Grad
Backzeit: ca. 45 Minuten

Rezepte

Gedeckter Apfelkuchen

Zutaten:

800 g Äpfel,
geputzt gewogen

2 EL Rosinen

2 EL gehackte Sonnen-
blumenkerne o. Mandeln

etwas Zimt

1 EL Honig

1 EL Margarine
o. Butterschmalz

300 g Weizenvollkornmehl

150 g kalte,
feste Margarine

50 g Honig

1 Msp. Weinstein-
backpulver

Zubereitung:
Äpfel in grobe Stücke schneiden und in einem Topf, zusammen mit den übrigen Zutaten, langsam erhitzen. Dabei oft umrühren. Wenn die Äpfel beginnen, musig zu werden, Topf von der Kochstelle nehmen und abkühlen lassen. Für den Teig alle Zutaten rasch verkneten und evtl. noch kurz kühl stellen. Ist der Teig zu fest, einfach ein paar Tropfen kaltes Wasser hinzufügen. Gut die Hälfte des Teiges ausrollen und den Boden einer Springform damit auslegen (Backpapier!). Größeren Teil des restlichen Teiges dünn ausrollen (etwas größer als der Durchmesser der Springform), vom Rest des Teiges einen Rand hochziehen. Apfelmasse in die Springform füllen, Teigdeckel vorsichtig darauflegen und mit dem Rand festdrücken. Teigdeckel mit einer Gabel mehrmals einstechen. Auf der 2. Schiene von unten bakken, danach auf ein Gitter schieben und auskühlen lassen.

Backtemperatur: 180 Grad
Backzeit: 60 Minuten

Tip:

Die Apfelfülle kann man bereits mehrere Stunden vor dem Backen vorbereiten.

Kuchen und Gebäck

Apfeltorte "Mexiko"

Zutaten:
Füllung:

2 kg milde Äpfel

100 ml Apfelsaft

2 gestr. TL Zimt

50 g Margarine

100 g gehackte Mandeln

50 g Honig

Teig:

225 g Margarine

150 g Honig

190 g Hafervollkornmehl

75 g Dinkelvollkornmehl

1 $^1/_2$ TL Backpulver

5 EL Voll-Soja

$^1/_2$ TL Bourbon-Vanille

50 ml Apfelsaft

Zubereitung:
Für die Füllung Äpfel schälen, zerkleinern und mit dem Apfelsaft dünsten. Topf von der Kochstelle nehmen, Inhalt abkühlen lassen. Für den Rührteig weiche Margarine und Honig mit Mixer oder Küchenmaschine verrühren. Den Hafer mittelfein, den Dinkel sehr fein mahlen, mit Backpulver mischen und zum Teig geben.
Voll-Soja, Vanille und Meersalz sowie Apfelsaft zugeben und alles miteinander verrühren. Springform (Durchmesser 24 cm) mit Backpapier auslegen, Teig einfüllen. Teig 10 Min. vorbacken.
Unter die gedünsteten Äpfel Zimt, Margarine, Mandeln und Honig rühren und diese Füllung auf den Teig in der Form streichen.
Auf der unteren Einschubleiste backen.
Vor dem Anschneiden und Servieren für 1 Tag kalt stellen.
Backtemperatur: 190 Grad
Backzeit: ca. 60 Minuten

Tip:

Wenn verträglich, kann anstelle von Vanille die Schale einer halben Zitrone (k.b.A.-Ware) verwendet werden. Am Tisch kann dazu Sojadessert mit Vanillegeschmack (Fertigprodukt) gereicht werden, sofern verträglich. Nichtallergiker wählen evtl. Schlagsahne.

Rezepte

Grundrezept Hefeteig

Zutaten:

500 g Weizen-
o. Dinkelvollkornmehl,
fein oder ausgesiebt
bzw. Type 1050

1 Würfel Hefe

200 ml warmes Wasser

2–3 EL Honig

1 Prise Vollmeersalz

80 g weiche Margarine
oder Butter

Zubereitung:
Das Mehl in eine Schüssel geben. Einen Vorteig herstellen: in einer Tasse oder einer Mehlmulde (in der Mitte der Schüssel) die zerbröckelte Hefe mit etwa 50 ml lauwarmem Wasser und 2 TL Mehl verrühren. Diesen Vorteig aufgehen lassen (10-15 Minuten), bis die Tasse voll bzw. in der Schlüssel der Vorteig stark aufgegangen ist.
Den Vorteig zum Mehl gießen, mit einem Teil des Mehls verrühren, Honig, Salz, weiche Margarine und das restliche Wasser dazugeben und alles zu einem glatten Teig verkneten (kräftig mit dem Kochlöffel „schlagen" oder mit den Knethaken des Handrührers kneten), bis der Teig die Schüssel „putzt". Den Teig zugedeckt so lange gehen lassen, bis sich sein Volumen etwa verdoppelt hat.

Noch einmal kräftig durchkneten, evtl. noch etwas Mehl überstäuben, dann ist der Teig zur weiteren Verarbeitung fertig:
– ausrollen und ein gefettetes Backblech damit belegen, Obst o. ä. auflegen,
– zu einem Hefezopf verarbeiten,
– zu Rohrnudeln weiterverarbeiten.
Fertig geformt, muß der Teig dann unmittelbar vor dem Backen nochmals gehen. Dazu den fertig geformten Teig in den Backofen stellen, *kurz* auf 50 Grad stellen, bis die Backform gut warm ist. Bei Zimmertemperatur geht dann der Teig weiter auf, währenddessen im Backofen die gewünschte Backtemperatur erreicht wird.

Kuchen und Gebäck

Hefezopf mit Apfelfüllung

Zutaten:

500 g Weizenvollkorn-
mehl
oder ausgesiebtes Mehl
bzw. Type 1050

1 Würfel Hefe

200 ml warmes Wasser

2–3 EL Honig

1 Prise Vollmeersalz

ca. 80 g weiche Margarine

500 g Äpfel

1 EL Margarine

$\frac{1}{2}$ TL Zimt

Rosinen nach Belieben

50 g Sonnenblumenkerne
oder gehackte Mandeln
oder Kürbiskerne

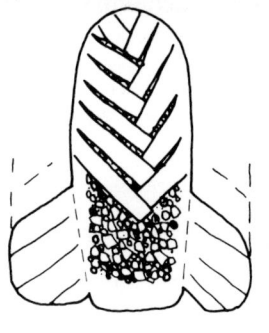

Zubereitung:
Einen Hefeteig wie beim "Grundrezept Hefeteig" bereiten.
Teig zugedeckt so lange gehen lassen, bis sich sein Volumen etwa verdoppelt hat. Inzwischen Äpfel schälen und ganz grob raspeln.
Sonnenblumenkerne mit der Margarine unter Rühren leicht anrösten,
Äpfel dazugeben und wenige Minuten dünsten. Zum Abkühlen beiseite stellen. Den gut gegangenen
Hefeteig nochmals kräftig durchkneten und dann auf Backpapier
(so groß wie ein Blech) zu einem 1/2
– 1 cm dicken Rechteck ausrollen.
Nochmals 5–10 Minuten gehen lassen. Dann auf dem Teig längs drei
Teile markieren.
Die Füllung auf der mittleren Fläche
verteilen. Die äußeren Flächen mit
einem Messer streifenförmig schräg
einschneiden.
Die Streifen von beiden Seiten abwechselnd über die Füllung klap-
pen und dabei in der Mitte übereinander legen. Zopf mit Öl oder
zerlassener Margarine bestreichen
und das Backpapier mit dem Zopf
auf ein Backblech ziehen. Nochmals
gehen lassen. Auf der 2. Schiene
von unten backen, auf einem Gitter
auskühlen lassen.

Backtemperatur: 180–200 Grad
Backzeit: 30–40 Minuten

197

Rezepte

Hefe-Mandelzopf

Zutaten:

500 g Weizenvollkornmehl, ausgesiebtes Mehl oder Type 1050

1 Würfel Hefe

ca. 200 ml lauwarmes Wasser

100 g Honig

80–100 g weiche Margarine

1 Prise Vollmeersalz

Füllung:

250 g gemahlene Mandeln

2 EL Vollkornsemmelbrösel

2 EL Honig

1 EL Carob

1 EL Margarine

$1/_2$ TL Zimt (falls verträglich)

etwas heißes Wasser

Zubereitung:
Aus Mehl, Hefe, Wasser, Honig, Salz und Margarine einen Hefeteig bereiten (siehe Grundrezept Hefeteig, S. 196). Den Teig so lange gehen lassen, bis sich sein Volumen etwa verdoppelt hat. Für die Füllung Mandeln, Vollkornbrösel, Honig und Zimt mit so viel heißem Wasser verrühren, bis ein dicker Brei entsteht. Hefeteig nochmals kräftig durchkneten, zu einem Rechteck ausrollen und mit der Füllung bestreichen.
Von der Breitseite her aufrollen und die Rolle der Länge nach mit einem Messer halbieren.
Die beiden Hälften so ineinander verschlingen, daß die Schnittflächen möglichst obenauf zu liegen kommen; Enden festdrücken.
Hefezopf auf ein mit Backpapier belegtes Backblech geben, nochmals etwa $1/_2$ Stunde gehen lassen, dann auf der 2. Schiene von unten backen.

Backtemperatur: 180–200 Grad
Backzeit: ca. 30 Minuten

Tip:
Am lockersten wird der Zopf mit ausgesiebtem Mehl oder mit Mehl der Type 1050.

Kuchen und Gebäck

Schnecken

Zutaten und Zubereitung siehe Rezept „Hefe-Mandelzopf", S. 198.

Die Hefe-Mandelrolle nicht längs durchschneiden, sondern 2-3 cm breite Scheiben abschneiden, mit den Schnittflächen nach oben auf das Backblech legen; nach dem Backen noch heiß mit Aprikosenmarmelade bestreichen.

Rosenkuchen

Zutaten und Zubereitung siehe Rezept „Hefe-Mandelzopf", S. 198.

Wie bei den Schnecken Scheiben abschneiden (ca. 7 cm breit) und in eine gefettete Springform mit etwas Abstand und in Runden setzen (Schnittfläche nach oben). Nach dem Backen evtl. mit Aprikosenmarmelade bestreichen.

Rezepte

Sehr feiner Apfelkuchen

Zutaten:

300 g Weizenvollkornmehl,
evtl. die Hälfte ausgesiebt
o. Type 1050

$\frac{1}{2}$ Würfel Hefe

125 ml warmes Wasser

2 EL Honig

1 Prise Vollmeersalz

80 g weiche Margarine

Belag:

5-8 Äpfel

100 g Sonnenblumenkerne

2-3 EL Margarine

2 EL Honig

$\frac{1}{2}$ TL Zimt (falls verträglich)

Zubereitung:
Einen Hefeteig herstellen (siehe Grundrezept Hefeteig, S. 196). Während der Gehzeit des Teiges die Sonnenblumenkerne mit Margarine, Honig und Zimt erhitzen; gut mischen. Äpfel schälen, Kerngehäuse entfernen und achteln. Den gut gegangenen Hefeteig noch einmal kräftig durchkneten und den Boden einer eingefetteten Springo. Pieform (Durchmesser 28-30 cm) damit auslegen.
Apfelstücke dicht bei dicht dekorativ darauflegen und die Mischung aus Sonnenblumenkernen, Margarine, Honig und Zimt darüber verteilen.
Nochmals ca. 15 Minuten gehen lassen und auf der 2. Schiene von unten backen, danach auf einem Kuchengitter abkühlen lassen

Backtemperatur: 200 Grad
Backzeit: 30 Minuten

Kuchen und Gebäck

Apfelblechkuchen

Zutaten:

500 g Dinkelvollkornmehl

1 Würfel Hefe

$\frac{1}{4}$ l lauwarmes Wasser

80 g Butter o. Margarine

80 g Honig

1 Prise Vollmeersalz

Belag:

ca. 1 kg Äpfel

50 g weiche Butter

etwas Zimt zum Bestreuen

Zubereitung:
Aus Mehl, Hefe und Wasser einen Vorteig bereiten (siehe Rezept „Apfelbrot", S. 193), 15 Minuten gehen lassen.
Restliches Wasser, Honig, Butter und Salz unterrühren und zu einem glatten Teig verkneten (evtl. mit den Knethaken des Handrührers).
Nochmals 30 Minuten gehen lassen.
In der Zwischenzeit die Äpfel schälen und in Schnitze schneiden.
Den Teig mit dem Teigschaber auf ein gefettetes Backblech geben und mit dem Wellholz darauf ausrollen (damit das Blech nicht wegrutscht, ein nasses Tuch unterlegen).
Die Apfelschnitze auf den Teig legen, mit der weichen Butter bestreichen, und mit Zimt leicht überstreuen.
In den Backofen schieben, 2. Schiene von unten. Nach dem Backen auf einem Gitter auskühlen lassen.

Backtemperatur: 200 Grad
Backzeit: 35 Minuten

Rezepte

Hefe-Obstkuchen mit Streuseln

Zutaten:

300 g Weizenvollkornmehl

$\frac{1}{2}$ Würfel Hefe

125–150 ml
lauwarmes Wasser

1-2 EL Honig

50 g weiche Margarine

1 Prise Vollmeersalz

Belag:

500 g Äpfel
(o. Heidelbeeren,
oder Himbeeren,
oder Hagebuttenmus
oder Apfelmus mit
1 TL Guarkernmehl)

Streusel

150 g Weizenvollkornmehl

100 g kalte, feste Margarine

50 g Rohrohrzucker

50 g gehackte Mandeln

Zubereitung:
Aus Mehl, Hefe, Wasser, Honig, Salz und Margarine einen Hefeteig (siehe Grundrezept Hefeteig, S. 196) bereiten.
Teig zugedeckt so lange gehen lassen, bis sich sein Volumen etwa verdoppelt hat.
Inzwischen die Streusel zubereiten, evtl. wird noch etwas Mehl benötigt; kühl stellen.
Obst vorbereiten: z.b. Äpfel schälen, achteln.
Hefeteig nochmals gut durchkneten, eine gefettete Pie- oder Springform damit auslegen (kleinen Rand hochziehen).
Obst darauf verteilen, ein paar Streusel darüberstreuen, backen.
Auf einem Kuchengitter auskühlen lassen.

Backtemperatur: 200 Grad
Backzeit: 20–30 Minuten

Tip:

Stellen Sie von den Streuseln mehr her, als Sie für einen Kuchen brauchen. Den Rest in einem Beutel einfrieren, bei Bedarf Beutel etwas kneten und gefrorene Streusel über den Kuchen verteilen.

Kuchen und Gebäck

Zwetschgenkuchen vom Blech

Zutaten:

500 g Weizenvollkorn-
mehl, ausgesiebtes Mehl
oder Mehl Type 1050

1 Würfel Hefe

ca. 200 ml
lauwarmes Wasser

2-3 EL Honig

1 Prise Vollmeersalz

80 g weiche Margarine

1,5 kg Zwetschgen

einige EL Mandelblätter
o. gehackte Mandeln

Rohrohrzucker
und Zimt zum Bestreuen

Zubereitung:
Aus Mehl, Hefe, Wasser, Honig, Salz
und Margarine einen Hefeteig bereiten (siehe Grundrezept Hefeteig,
S. 196). Teig zugedeckt so lange gehen lassen, bis sich sein Volumen
fast verdoppelt hat.
Inzwischen Zwetschgen entsteinen
(zusammenhängende Hälften oder
Viertel).
Den gut gegangenen Hefeteig noch
einmal kräftig durchkneten und auf
einem mit Backpapier belegten
Blech ausrollen, dabei einen kleinen Rand bilden.
Zwetschgen dachziegelartig, mit der
Fruchtseite nach oben, auf den Teig
legen und mit den Mandeln bestreuen. Nochmals gehen lassen
(siehe Grundrezept), dann auf der
2. Schiene von unten backen.
Nach dem Backen mit Zimt und
Rohrohrzucker bestreuen und auf
einem Gitter auskühlen lassen.

Backtemperatur: 200 Grad
Backzeit: 30–40 Minuten

Tip:

Für eine Pie- oder Springform werden lediglich 300 g
Mehl und ein knappes kg Zwetschgen benötigt.
Statt Zwetschgen können auch Apfelspalten genommen werden. Evtl. noch ein paar Streusel darüberstreuen. Um die 1. Gehzeit des Teiges zu verkürzen,
bitte den Hinweis auf S. 188 beachten.

Rezepte

Mohnblechkuchen mit Streuseln

Zutaten:

500 g Dinkelvollkornmehl

$1/_4$ l Wasser

40 g Hefe

80 g Butter

80 g Honig

1 Msp. Vollmeersalz

Belag:

300 g Mohn,
frisch gemahlen

200 g Hirse

500 g Wasser

100 g Rosinen

130 g Honig

1 EL Zimt

$1/_2$ TL Bourbon-Vanille

Streusel:

130 g Weizenvollkornmehl

80 g gemahlene Mandeln
o. Weizenkeime

100 g Butter o. Margarine

100 g Rohrohrzucker

$1/_2$ TL Vollmeersalz

2 Msp. Zimt

2 Msp. Bourbon-Vanille

Zubereitung:
Einen Hefeteig herstellen, auf einem gefetteten Blech ausrollen (siehe Rezept „Apfelblechkuchen", S. 201).
Während der „Gehzeit" des Teiges den Belag herstellen: den gemahlenen Mohn in Wasser aufkochen, die Hirse und Rosinen dazugeben, auf kleiner Flamme bedeckt kochen lassen, bis die Hirse gar ist.
Topf vom Herd nehmen, die restlichen Zutaten hineinrühren, auf den Hefeboden streichen.
Streuselherstellung: alle Zutaten verkneten, wenn nötig noch etwas Mehl zugeben, zwischen den Fingern zu Streuseln krümeln.
Streusel auf dem Mohnbelag verteilen, backen.
Auf einem Gitter auskühlen lassen.

Backtemperatur: 220 Grad
Backzeit: 30–40 Minuten

Kuchen und Gebäck

Grundrezept Rührteig

Zutaten:

200 g Weizenvollkornmehl

2 EL Reismehl

3 TL Weinsteinbackpulver, leicht gehäuft

1-2 gestr. TL Guarkernmehl

Ei-Ersatzpulver für 3 Eier

150 g weiche Margarine

150 g Honig

100-150 ml Wasser

Zubereitung:
Ei-Ersatzpulver nach Anweisung vorbereiten und dann die Masse mit dem Honig schaumig rühren. Margarine unterrühren, anschließend nach und nach die restlichen Zutaten.
In diesen Grundteig können nach Belieben bemehlte Rosinen und/ oder gehackte Sonnenblumenkerne bzw. gehackte oder gemahlene Mandeln eingearbeitet werden.
Teig in eine mit Backpapier ausgelegte Kastenform füllen und auf der 2. Schiene von unten backen. Nach dem Backen auf einem Kuchengitter auskühlen lassen.

Backtemperatur: 180 Grad
Backzeit: ca. 45 Minuten

Hinweis:

Nach diesen Angaben wird der Kuchen leicht "speckig". Sollte dies nicht erwünscht sein, Reismehl und Guarkernmehl reduzieren oder ganz weglassen; allerdings wird der Kuchen dann stark krümelig.

Rezepte

Apfelschlupfkuchen

Zutaten:

1 Grundrezept Rührteig

5-6 mittelgroße Äpfel

Zimt und Mandelblättchen

Zubereitung:
Grundteig gemäß Grundrezept herstellen, s. S. 205.
Teig in eine mit Backpapier ausgelegte Springform füllen.
Äpfel schälen, halbieren, Kerngehäuse herausnehmen und Äpfel mit einer Gabel einritzen oder mit dem Messer mehrmals längs einschneiden. Mit dieser Seite nach oben auf den Teig legen.
Mit wenig Zimt und Mandelblättern bestreuen und auf der 2. Schiene von unten backen.
Nach dem Backen auf einem Gitter abkühlen lassen.

Backtemperatur: 180–200 Grad
Backzeit: 30–40 Minuten

Tip:

Anstatt mit Äpfeln kann der Teig auch mit Stachelbeeren oder Rhabarber belegt werden.

Kuchen und Gebäck

Marmorkuchen

Zutaten:

1 Grundrezept Rührteig

2 geh. EL Carob

50 ml Wasser

Zubereitung:
Grundteig gemäß Grundrezept herstellen, s. S. 205.
$^1/_3$ des Teiges abnehmen, mit dem Carob und Wasser verrühren.
Zuerst den hellen Teig in eine mit Backpapier ausgelegte Kastenform füllen, dann den dunklen Teig daraufgeben und mit einer Gabel eine Spirale durch den Teig ziehen. Auf der 2. Schiene von unten bakken, nach dem Backen auf einem Gitter auskühlen lassen.

Backtemperatur: 180 Grad
Backzeit: ca. 45 Minuten

Abb. 11: Eisvariationen
- Erdbeer-Himbeer-Eis (Rezept S. 236)
- Brombeer-Heidelbeer-Eis (ohne Rezept)
- „Schoko"-Eiscreme (Rezept S. 235)
- Waffelröllchen*
- Waffelbrot*

*Fertigprodukt

Abb. 12: Kindergeburtstag
- Geburtstagstorte mit Gummibärchen (Rezept S. 177)
- Carob-Früchte (Banane und Birne) (Rezept S. 238)
- Erdbeerbowle „Kindertraum" (Rezept S. 239)

Rezepte

Möhrenkuchen

Zutaten:

250 g Weizen-
o. Dinkelvollkornmehl

50 g Hirse, fein gemahlen

Ei-Ersatz für 3 Eier

100 g Honig

150 g weiche Margarine

3 mittelgroße Möhren,
fein gerieben

4-5 EL Sonnenblumenkerne

$^1/_2$ P. Weinsteinbackpulver

1 TL Guarkernmehl
o. 2 EL Reismehl
(ersatzweise Soja-
o.Tapiokamehl)

Kürbiskerne zum Bestreuen

Zubereitung:
Ei-Ersatz in einer halben Tasse Wasser mit dem Pürierstab glatt rühren,
dann in einer Rührschüssel mit dem
Honig schaumig rühren.
Weiche Margarine unterrühren,
dann Dinkel- und Hirsemehl, Backpulver, Guarkernmehl und grob
gehackte Sonnenblumenkerne
dazugeben und alles gut miteinander verrühren. Zum Schluß die fein
geriebenen Möhren unterheben.
Falls der Teig zu fest ist, einfach
etwas Wasser dazugeben.
Den Teig in eine gut gefettete und
bemehlte Pie- oder Springform füllen und mit Kürbiskernen bestreuen.
Auf der 2. Schiene von unten bakken.

Backtemperatur: 200 Grad
Backzeit: ca. 30 Minuten

Tip:

Falls Zimt verträglich ist, einen TL davon unter den Teig
mengen.

Kuchen und Gebäck

Waffeln

Zutaten:

100 g Weizenvollkornmehl

100 g feine
Vollkornhaferflocken

1 TL Trockenhefe

2 EL Sojamehl (Vollsoja)

2 Tassen Wasser

50 g Butter
oder Margarine

1 EL Honig

1 TL Zimt

1 Msp. Bourbon-Vanille

Zubereitung:
Mehl, Sojamehl und Trockenhefe vermischen.
Butter im leicht erwärmten Wasser zergehen lassen, Honig dazugeben.
Mit dem Mehlgemisch verrühren,
1 Stunde quellen lassen.
Zimt und Vanillepulver unterrühren.
Im gefetteten Waffelautomaten backen, ca. 3 EL Teig pro Waffel.

Temperatur Waffelautomat:
Stufe 3

Rezepte

Einfache Kekse

Zutaten:

300 g Weizenvollkornmehl,
sehr fein oder ausgesiebt
oder Type 1050

200 g kalte,
feste Margarine

80 g Rohrohrzucker

Zubereitung:
Margarine in kleinen Stücken auf
das Mehl und den Rohrohrzucker
schneiden und alles rasch verkneten,
evtl. etwas kaltes Wasser zufügen.
Kalt stellen.
Teig auf der bemehlten Arbeitsfläche ausrollen und beliebige Formen ausstechen oder mit dem
Kuchenrädchen in Rechtecke teilen.
Läßt sich der Teig nicht gut ausrollen, Rollen formen, kühlen und
dann dünne Scheiben abschneiden.
Teigstücke auf ein mit Backpapier
belegtes Blech legen und nicht zu
dunkel backen, danach auf einem
Gitter auskühlen lassen.

Backtemperatur: 200 Grad
Backzeit: ca. 10 Minuten

Tip:

Nach diesem Grundrezept können Kekse in vielen Variationen gebacken werden; Rezepte dazu finden Sie
auf der folgenden Seite.

Kuchen und Gebäck

Variationen des Rezeptes „Einfache Kekse" von S. 212.

Sesamkekse

100 g Sesam im Mörser zerdrücken, in einer Pfanne leicht rösten und nach dem Abkühlen unter den Teig kneten.

Haferflockenkekse

50 g mittelgrobe bis feine Haferflocken mit 1 EL Öl oder Margarine in einer Pfanne goldgelb rösten und nach dem Abkühlen unter den Teig kneten.

Mandelkekse

100 g Mehl durch 100 g fein gemahlene Mandeln ersetzen; 2 EL Reis- o. Sojamehl.

Hirsekekse

100 g Mehl durch 100 g fein gemahlene Hirse ersetzen; 2 EL Reis- o. Sojamehl.

„Schoko"-Kekse

70–80 g Carob-Raspel unter den Teig kneten, Rollen formen, Scheiben abschneiden.

Weihnachtskekse

Je 1/4 TL Zimt u. Vanillepulver mit dem Mehl vermischen; Teig mit Weihnachtsförmchen ausstechen.

Rezepte

Butterkekse

Zutaten:

200 g Weizenvollkornmehl

80 g gemahlene Mandeln
o. Weizenkeime

$^1/_2$ TL Zimt

1 Prise Meersalz

100 g Honig

150 g Butter
oder Margarine

Zubereitung:
Mehl, Mandeln, Zimt und Salz auf dem Backbrett vermischen, Honig und in Stückchen geschnittene Butter darübergeben.
Alle Zutaten zu einem glatten Teig verkneten.
$^1/_2$ cm dick ausrollen, mit kleinen Ausstechformen ausstechen oder zu einer Rolle formen und 1 cm dicke Scheiben abschneiden.
Auf ein gefettetes Backblech legen, backen, nach dem Backen auf einem Gitter auskühlen lassen.

Backtemperatur: 175–200 Grad
Backzeit: 10–15 Minuten

Kuchen und Gebäck

Apfelkekse

Zutaten:

600 g Weizenvollkornmehl oder ausgesiebtes Mehl bzw. Type 1050

400 g kalte, feste Margarine

150-200 g Rohrohrzucker

100 g getrocknete Apfelringe, ungeschwefelt

Zubereitung:
Apfelringe mit einem Messer grob zerschneiden und in der Küchenmaschine mit dem Schlagmesser so fein wie möglich zerkleinern.
Alle Zutaten schnell zu einem geschmeidigen Teig verkneten und im Kühlschrank mind. 1 Stunde ruhen lassen.
Teig portionsweise ausrollen und entweder mit dem Kuchenrädchen in kleine Rechtecke teilen oder runde Plätzchen (Durchmesser 5 cm) ausstechen. Darauf achten, daß nicht mehr allzuviel Mehl benötigt wird, da sich der Teig sonst nicht mehr gut ausrollen läßt.
Plätzchen auf ein mit Backpapier belegtes Backblech geben, auf der 2. Schiene von unten backen.
Gut auskühlen lassen und in einer Blechdose aufbewahren.

Backtemperatur: 180 Grad
Backzeit: 10–12 Minuten

Tip:

Sollte sich der Teig nicht gut verarbeiten lassen, Rollen formen (Durchmesser ca. 3 cm) und mind. 1 Stunde in den Kühlschrank legen. Dann dünne Scheiben abschneiden und backen.
Ohne Apfelringe kann dieser Teig auch für einfache Kekse verwendet werden oder für Osterhasenausstechformen.

Rezepte

Mandelplätzchen

Zutaten

300 g Dinkelvollkornmehl, sehr fein gemahlen

120 g Butter oder Margarine

1 EL Wasser

150 g süße Mandeln, sehr fein gemahlen

1 Prise Vanille

1 Prise Zimt

140 g Honig

1 TL Weinsteinbackpulver

Für den Carob-Überzug:

1-2 Carob-Tafeln (à 100 g, milchfrei, Rohrrohrzucker-gesüßt)

Zubereitung:

Fett und Honig schaumig rühren, übrige Zutaten hinzufügen und für 2 Stunden kalt stellen. Teig ca. $^1/_2$ cm dick ausrollen (wenn er klebt, dann unter einer Lage Frischhaltefolie). Plätzchen ausstechen.

Plätzchen auf ein mit Backpapier ausgelegtes Backblech legen und backen.

Nach dem Backen können die Plätzchen eine „Schokoladenseite" erhalten: dafür 1 bis 2 Carob-Tafeln im Wasserbad schmelzen und die Plätzchen mehr oder weniger weit in die Carob-Masse tauchen. Auf Backpapier trocknen lassen. (Kleckser auf dem Papier können nach dem Trocknen wieder eingeschmolzen und nochmals verwendet werden.)

Backtemperatur: 160 Grad
Backzeit: 7-8 Minuten

Ergibt ca. 3 Bleche voll Plätzchen.

Tip:

Soll es schnell gehen, dann formen Sie den Teig zu 3-4 cm dicken Rollen und schneiden mit einem scharfen Messer $^1/_2$ cm dicke Scheiben ab. Auf ein Backblech legen, etwas flachdrücken und backen.

Kuchen und Gebäck

Knusper-Haferflocken

Zutaten:

150 g Butter
oder Margarine

250 g Vollkornhaferflocken

80 g Honig

50 g Weizenvollkornmehl

1 TL Weinsteinbackpulver

1 gehäufter EL Sojamehl,
in 3 EL Wasser aufgelöst

Zubereitung:
Butter auslassen, mit den Haferflok-
ken vermischen, abkühlen lassen.
Honig und Soja-Wasser-Gemisch
unterrühren.
Mehl mit Backpulver vermischen,
zu der Haferflockenmasse geben,
gut durchrühren.
Kleine Häufchen auf ein gefettetes
Backblech setzen, im vorgeheizten
Backofen backen.

Backtemperatur: 180 Grad
Backzeit: 20 Minuten

Heidesand

Zutaten:

275 g Butter

100 g Rohrohrzucker

100 g Honig

1 Msp. Bourbon-Vanille

4 EL Sojamilch

375 g Weizenvollkornmehl

3 g Weinsteinbackpulver
(1 gestr. TL)

Zubereitung:
Butter in einem Topf bräunen, kalt
stellen. Mehl mit dem Backpulver
vermischen. Die abgekühlte Butter
mit dem Handrührer schaumig rühren, die restlichen Zutaten und $^2/_3$
des Mehls unterrühren, das restliche Mehl unterkneten.
Eine 3 cm dicke Rolle formen, kalt
stellen. $^1/_2$ cm dicke Scheiben abschneiden, auf ein gefettetes Backblech legen, backen, auf einem Gitter auskühlen lassen.

Backtemperatur: 175-180 Grad
Backzeit: 10-15 Minuten

Ideen für besondere Anlässe

Ideen für besondere Anlässe -
Was Ihnen dabei hilfreich sein könnte

Wenn sich Familie und Freunde aus besonderem Anlaß versammeln, um zu feiern und gemeinsam zu essen, sollte zuvor einiges besonders bedacht werden:

- Gerade beim Kindergeburtstag sollten ausschließlich Speisen und Getränke auf den Tisch kommen, die von *allen* Kindern gegessen bzw. getrunken werden können.

- Die beinahe unvermeidbaren "Preise" auf Kindergeburtstagsfeiern können aus Gummibärchen, Kaugummi, Carob-Rosinen oder kleinen Eis-"Moritzen" bestehen. Lesen Sie dazu bitte die Ausführungen auf S. 171.

- Sorgen Sie auf Faschingsfesten und Kindergeburtstagen mit entsprechender Dekoration und Musik für Atmosphäre und Stimmung. Dekorieren Sie die Festtafel, und garnieren Sie Speisen und Getränke mit viel Phantasie.

Fondue mit Früchten

Zutaten:

Mindestens 2 Carob–Tafeln
mit Orangenaroma
(à 100 g, milchfrei,
Rohrohrzucker-gesüßt)

Obst:

Äpfel, Birnen, Kirschen,
Melonen, Bananen

Zubereitung:

Carob–Tafel im Wasserbad verflüssigen.
Obst in mundgerechte Stücke
schneiden, Kirschen entsteinen.
Obststücke aufspießen und in die
Carobmasse eintauchen.

Tip:

Die Carobmasse muß während des Essens nicht warmgehalten werden. Füllen Sie die Carobmasse immer für
2 Kinder zusammen in ein vorgewärmtes Schälchen.

Hinweis:

In den Schälchen verbliebene Carobmasse kann zur
Herstellung von „Schoko"-Crossies oder Carob-Rosinen verwendet werden (Rezepte S. 182 und S. 183).

Rezepte

Wundertörtchen

Zutaten:

75 g weiche Butter
o. Margarine

50 g Vollrohrzucker

1 EL Vollsojamehl

100 g Roggenmehl

1 EL Weizenmehl

1 TL Weinsteinbackpulver

75 g Kokosraspel

1 EL Carobraspel

Zum Belegen:

Sauerkirschen

Zubereitung:
Butter und Vollrohrzucker schaumig rühren.
Soja-, Roggen- und Weizenmehl mit dem Backpulver vermischen und unterrühren.
Kokos- und Carobraspel dazugeben, evtl. noch etwas Wasser; der Teig sollte schwer reißend vom Löffel fallen.
Teig in kleine Papierförmchen füllen, mit entsteinten Kirschen belegen (1-3 Stück pro Törtchen), auf ein Backblech setzen, backen.
In den Papierförmchen abkühlen lassen und servieren.

Backtemperatur: 175 Grad
Backzeit: 25-35 Minuten

Streuselosterhasen

Zutaten:

800 g Dinkelvollkornmehl

40 g Hefe

$\frac{1}{4}$ l lauwarmes Wasser

100 g weiche Butter
o. Margarine

120 g Honig

$\frac{1}{8}$ l Sojamilch

$\frac{1}{2}$ TL Vollmeersalz

abger. Schale
einer unbeh. Zitrone

Streuselteig:

500 g Dinkelvollkornmehl

3 TL Zimt

3 Msp. Bourbon-Vanille

1 Msp. Vollmeersalz

250 g Butter

250 g Honig
o. Rohrohrzucker

Zubereitung:
Aus Mehl, Hefe und Salz einen Vorteig herstellen (siehe Rezept "Apfelbrot", S. 193)
Vorteig 15 Minuten gehen lassen.
Restliche Zutaten unterrühren, zu einem glatten Teig verkneten, erneut zugedeckt 30-45 Minuten gehen lassen.
In der Zwischenzeit den Streuselteig herstellen: Mehl, Zimt und Vanille vermischen.
Butter zerlassen, mit dem Honig unter das Mehlgemisch rühren, kalt stellen.
Den gegangenen Hefeteig nochmals durchkneten, $\frac{1}{2}$ cm dick ausrollen.
Osterhasen o. andere Figuren mit einem scharfen Messer ausschneiden, auf ein gefettetes Backblech legen.
Den gekühlten Streuselteig zwischen den Fingern zerkrümeln, auf die Figuren legen, backen, auf einem Gitter auskühlen lassen.

Ergibt z.B. 6 Hasen, je 25 cm hoch

Backtemperatur: 200 Grad
Backzeit: 25 Minuten

Rezepte

Nikolaus, Nikolausstiefel und Stutenmännchen

Zutaten:

700 g sehr feines oder ausgesiebtes Weizenvollkornmehl o. Type 1050

250-300 ml warmes Wasser

30 g Hefe

1 Prise Vollmeersalz

100 g weiche Margarine

80-100 g Honig

2 geh. EL Carob

Zum Bestreichen:

Sojamilch

Zum Verzieren:

geschälte, halbierte Mandeln, gemahlene Mandeln, Rosinen, Sesam, Kürbiskerne

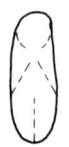 

einschneiden   formen

Zubereitung:
Einen Hefeteig (siehe Grundrezept Hefeteig, S. 196) herstellen, dabei nur so viel Wasser zugeben, bis ein relativ fester Teig entsteht; unter die Hälfte des Teiges den gesiebten Carob kneten.
Den gut gegangenen Teig noch einmal kräftig durchkneten. Auf einer leicht bemehlten Arbeitsfläche Teig ca. 1/2 cm dick ausrollen und nach Belieben aus dem hellen oder dunklen Teig Stutenmännchen formen oder mit Hilfe einer selbst gezeichneten Schablone Stiefel ausschneiden oder mit einer großen Nikolausform (im Handel erhältlich) Nikoläuse ausstechen.
Mit Sojamilch bestreichen und beliebig verzieren.
Die Figuren auf ein mit Backpapier belegtes Backblech legen und noch etwas gehen lassen (ca. 15 Minuten).
Auf der 2. Schiene von unten backen, danach auf einem Gitter auskühlen.

Backtemperatur: 200 Grad
Backzeit
je nach Teigdicke: 15-25 Minuten

Christstollen

Zutaten:

1 kg Dinkelvollkornmehl

3 Würfel Hefe (120g)

$^3/_8$ l lauwarmes Wasser

250 g Butter

175 g Honig

$^1/_2$ TL Bourbon-Vanille

$^1/_2$ TL Muskatblüte

1 TL Vollmeersalz

abgeriebene Schale einer unbeh. Zitrone

250 g Sultaninen

125 g Korinthen

125 g Orangeat, kleingeschnitten

125 g Zitronat, kleingeschnitten

200 g gehackte, geschälte Mandeln

Backtemperatur: 180 Grad
Backzeit: 50-60 Minuten

Zubereitung:
Einen Vorteig herstellen (siehe Rezept "Apfelbrot") und 15 Minuten gehen lassen. In der Zwischenzeit Butter, Honig, Gewürze und Salz schaumig rühren, zum gegangenen Vorteig geben. Alles gut durchkneten (evtl. mit den Knethaken des Handrührers o. der Küchenmaschine). Trockenfrüchte und Mandeln unterkneten. Teig mit Mehl bestäuben und in einer abgedeckten Schüssel 1 Stunde gehen lassen. Gegangenen Teig auf der bemehlten Arbeitsfläche noch einmal kurz durchkneten, in zwei Teile teilen. Jede Hälfte oval ausrollen (ca. 25 cm lang und 15 cm breit). Mit der Teigrolle eine Drittellinie in Längsrichtung eindrücken und das $^2/_3$-Teil des Teiges so über das Drittel legen, daß ein ca. 2 cm breiter Rand verbleibt. Den Stollen mit dem Teigschaber gut nachformen (da der Teig beim Backen in die Breite geht, lieber etwas höher drücken), auf ein gefettetes Backblech legen, mit einem Tuch abdecken, nochmals 1 Stunde gehen lassen. Im vorgeheizten Ofen, 2. Schiene von unten, hell backen. Butter und Honig zerlassen, den noch warmen Stollen damit bestreichen, dann auf einem Gitter auskühlen lassen.
Aufbewahrung: Den Stollen in einer großen Dose oder in Alufolie verpackt mindestens 14 Tage durchziehen lassen, bevor er angeschnitten wird.

Rezepte

Baseler Leckerli

Zutaten:

500 g Honig

200 g Rohrohrzucker

1 EL Zimt

1 TL gemahlene Nelken

1 TL frisch gemahlene
Muskatnuß
(auf Verträglichkeit achten)

250 g gemahlene Mandeln

50 g Orangeat,
kleingeschnitten

150 g Zitronat,
kleingeschnitten

700 g Dinkelvollkornmehl

$^1/_2$ TL Pottasche

100 ml Wasser

Zubereitung:
Honig, Rohrohrzucker und die Gewürze in einem Topf aufkochen, dabei kräftig umrühren. Mandeln, Zitronat und Orangeat unterrühren. Den Topf von der Kochstelle nehmen. Mehl und Pottasche mischen, $^2/_3$ davon unter die heiße Honig-Mandel-Masse rühren, dann das Wasser unterrühren. Restliches Mehl auf die Arbeitsfläche schütten, die heiße Masse daraufgeben, schnell zu einem glatten Teig verkneten, etwas abkühlen lassen. Rechteckiges Backblech mit Backtrennpapier belegen, den Teig auf Backblechgröße darauf ausrollen. Die ganze Platte mit der Gabel einstechen, abdecken, über Nacht bei Zimmertemperatur stehenlassen. Am nächsten Tag backen, dabei mit einem Kochlöffelstiel die Ofentür offen stehen lassen. Noch heiß 6 x 2 cm große Rechtecke anschneiden, nach dem Erkalten ganz durchschneiden.
Aufbewahrung:
in geschlossener Dose.

Backtemperatur: 225 Grad
Backzeit: 20–25 Minuten

Tip:

Für Nichtallergiker bzw. Erwachsene: nach dem Anschneiden der Platte eine Glasur aus Rohrohrzucker und Kirschwasser auf die Platte streichen.

Lebkuchenherzen

Zutaten:

180 g Honig

125 g Zuckerrübensirup

60 g Butter
oder Margarine

1 gestr. TL Zimt

$^1/_2$ gestr. TL Kardamom

abger. Schale je einer
unbehandelten Zitrone
und Orange

375 g Dinkelvollkornmehl

$^1/_2$ Päckchen
Weinsteinbackpulver

Zubereitung:
Honig, Sirup, Butter und Gewürze
in einem Topf erhitzen, dabei kräftig rühren.
Abkühlen lassen.
Mehl in eine Schüssel geben, Honig-
masse unterrühren.
Teig 2-3 Stunden in den Kühlschrank
legen.
Danach den Teig auf einem bemehlten Backblech 1/2 cm dick ausrollen.
Herzen ausstechen, auf ein gefettetes Backblech legen, im vorgeheizten Backofen backen.

Aufbewahren:
in geschlossener Dose, die Herzen
werden dann weich.

Backtemperatur: 180 Grad
Backzeit: 15 Minuten

Rezepte

Vanillekipferl

Zutaten:

250 g Weizenvollkornmehl,
ausgesiebtes Mehl
oder Type 1050

100 g gehäutete,
gemahlene Mandeln

90 g Rohrohrzucker

180 g kalte Butter
oder Margarine

Zum Wälzen:

2–3 EL Rohrohrzucker,
evtl. im Mörser zerkleinert

$^{1}/_{4}$ TL Bourbon-Vanille

Zubereitung:

Zutaten der Reihenfolge nach auf
ein Backbrett geben, zuletzt die in
Stückchen geschnittene Butter.
Alles rasch zu einem glatten Teig
verkneten.
Teig 1 Stunde kühl stellen.
Danach zu einer Rolle formen, Scheiben abschneiden und diese zu
Kipferl formen.
Auf ein gefettetes Backblech legen,
backen.
Noch warm in der Rohrohrzucker-
Vanillepulver-Mischung wälzen.

Backtemperatur: 180 Grad
Backzeit: 10–15 Minuten

Besondere Anlässe

Marzipan-Brote

Zutaten:

200 g süße Mandeln, ganz und ungeschält

100 g Honig

ca. 3 TL Rosenwasser

ca. 2 TL Mandelöl (ersatzweise Sonnenblumenöl)

1-2 Carob-Tafeln, leicht gesüßt (à 100 g; milchfrei, Rohrohrzucker-gesüßt)

Zubereitung:
Mandeln waschen. Je nach Wunsch *mit* dem braunen Häutchen weiterverarbeiten oder schälen.
Die Mandeln *sofort* sehr fein mahlen (Universal-Zerkleinerer); zwischen zwei Mahlvorgängen schon Rosenwasser und Öl zugeben.
Mandelzubereitung und Honig sorgfältig miteinander verrühren.
Mit den Händen kleine Brote formen.
Carob-Tafeln im Wasserbad schmelzen und auf Backpapier Spiegel in Brot-Größe als Fuß gießen. Erstarren lassen.
Brote auf die Füße drücken und mit restlicher Carobmasse überziehen.

Möglichst frisch verzehren!

Tip:

Wer Kakao verträgt, nimmt als Kuvertüre Soja-Tafel mit Kakao (milchfrei, Rohrohrzucker-gesüßt).
Die Marzipanbrote eignen sich gut als Süßigkeit im Nikolaus-Stiefel und auf dem weihnachtlichen Gabentisch.

Rezepte

Marzipan-Kartoffeln

Zutaten:

200 g süße Mandeln, ganz und ungeschält

100 g Honig

ca. 3 TL Rosenwasser

ca. 2 TL Mandelöl (ersatzweise Sonnenblumenöl)

Carobpulver zum Wälzen der Kugeln oder feingeriebene Carob-Tafel (milchfrei, Rohrohrzucker-gesüßt)

Zubereitung:
Mandeln mit kochendem Wasser überbrühen, das braune Häutchen entfernen.
Die Mandeln *sofort* sehr fein mahlen (Universal-Zerkleinerer); zwischen zwei Mahlvorgängen schon Rosenwasser und Öl zugeben.
Mandelzubereitung und Honig sorgfältig miteinander verrühren.
Zwischen den Händen Kugeln formen und nach Wunsch in Carobpulver oder fein geriebener Carob-Tafel wälzen.

Möglichst frisch verzehren!

Tip:

Wer Kakao verträgt, wälzt die Kugeln in Kakao oder fein geriebener Soja-Tafel mit Kakao (milchfrei, Rohrohrzucker-gesüßt).

Besondere Anlässe

„Schoko"-Berge

Zutaten:

60 g Honig

75 g süße Mandeln,
ganz und ungeschält

1 TL Mandelöl

5 TL Rosenwasser

1 TL Bourbon-Vanille

50 g Rosinen

50 ml Apfelsaft, ungesüßt

1 Carob-Tafel, leicht gesüßt
(100 g; milchfrei,
Rohrohrzucker-gesüßt)

Zubereitung:
Mandeln waschen und noch feucht
sofort fein mahlen (Universal-Zer-
kleinerer).
Öl und Rosenwasser zwischen zwei
Mahlvorgänge dazugeben.
Mit Honig und Vanille sorgfältig
verrühren. Auf diese Weise erhal-
ten Sie Marzipan. Rosinen waschen
und in Apfelsaft einweichen.
Carob-Tafel im Wasserbad schmel-
zen. Auf Backpapier aus etwas
Carobmasse 8 Spiegel von ca. 4 cm
Durchmesser gießen („Füße" für die
„Schoko"-Berge), erstarren lassen.
Rosinen abtropfen lassen.
Marzipanmasse in 8 Portionen tei-
len und auf die Spiegel aus Carob
legen; in die Mitte eine Vertiefung
drücken. Rosinen portionieren und
auf die Marzipanschicht drücken.
Mit der restlichen Carobmasse die
„Berge" überziehen und erstarren
lassen. Möglichst frisch verzehren!

Tip:

Nach diesem Rezept können Sie auch kleine Marzipan-
pralinen herstellen.
Dazu den Pralinen-"Fuß" nur mit ca. 2 cm Durchmesser
herstellen und kleine Portionen von Marzipanmasse
und Rosinen daraufsetzen. Mit Carobmasse krönen.

Rezepte

Eis-„Moritze"

Zutaten:

200 g (mögl. geschälte) Mandeln

200 g weiche Margarine

2 EL Mandel-o. Sonnenblumenöl

6 EL Carob-Pulver

4 EL Honig

$\frac{1}{2}$ TL Bourbon-Vanille

einige Tropfen Rosenwasser

evtl. etwas Mineralwasser

kleine Pralinenförmchen aus Spezialpapier (Haushaltswarengeschäft)

Zubereitung:

Mandeln sehr fein mahlen (Universal-Zerkleinerer, Mandelmühle); Mandeln und Margarine verrühren, dabei das Öl zulaufen lassen. Carob und Honig zufügen. Mit Bourbon-Vanille und Rosenwasser abschmecken.
Evtl. mit etwas Mineralwasser Geschmeidigkeit erhöhen.
Masse portionsweise mit Hilfe eines langstieligen Cocktaillöffels in eine Garniertülle füllen und Tupfer in Pralinenförmchen setzen.
Förmchen in einen geräumigen Tiefkühlbehälter setzen und für mehrere Stunden einfrieren.
So gut gekühlt auf einer Tortenplatte servieren.

Ergibt ca. 50 Stück

Tip:

Wer Butter verträgt, ersetzt die Margarine durch Butter.

Besondere Anlässe

„Schoko"-Eiscreme

Zutaten:

1 Carob-Tafel,
leicht gesüßt
(100 g; milchfrei,
Rohrohrzucker-gesüßt)

125 g Tofu

250 ml Sojamilch

evtl. 1 reife Banane

2 EL Honig

1 TL Bourbon-Vanille

Zubereitung:
Carob-Tafel fein reiben oder im Universal-Zerkleinerer mahlen.
Tofu zerbröckeln und im Mixer zusammen mit dem Honig pürieren.
Carob-Masse, Sojamilch, ggf. Banane und Vanille hinzufügen; ebenfalls pürieren.
Mischung 15 Minuten im Kühlschrank vorkühlen.
Dann in den vorgekühlten Einsatz der Eismaschine füllen und in 20-25 Minuten zu Eis verarbeiten lassen.
Das fertige Eis sofort servieren.

Vorschlag zur Garnierung:
– Waffelbrotstreifen,
– Carobraspel,
– Bananenscheiben.
Oder in TK-Behälter füllen und bei ca. –20 °C im Gefrierschrank aufbewahren.

(Maximale Lagerzeit: 3 Wochen)

Ergibt 4 Portionen.

Tip:

Wer Kakao verträgt, kann die Carob-Tafel durch eine Soja-Tafel mit Kakao (ebenfalls milchfrei, Rohrohrzucker-gesüßt) ersetzen.

Rezepte

Erdbeer-Himbeer-Eis

Zutaten:

400 g Erdbeeren,
frisch o. TK

100 g Himbeeren,
frisch o. TK

50 g Tofu

1 EL Honig
o. Rohrohrzucker

1 Prise Salz

Zum Garnieren:

einige frische Erdbeeren

einige frische Himbeeren

etwas Zitronenmelisse

4 Scheiben Waffelbrot
aus Weizenvollkornschrot

Deko-Schirmchen

Zubereitung:
Frische Früchte putzen und waschen,
TK-Früchte auftauen.
Tofu zerbröckeln und mit dem
Süßungsmittel im Mixer pürieren.
Früchte und ggf. Saft sowie die Prise
Salz zugeben und pürieren.
Fruchtmasse 15 Minuten im Kühl-
schrank vorkühlen.
Dann in den vorgekühlten Einsatz
der Eismaschine füllen und in ca. 20
Minuten zu Eis verarbeiten lassen.
Das fertige Eis sofort servieren.
Garnieren Sie z.b. mit
– frischen Früchten,
– Zitronenmelisse,
– Waffelbrotstreifen,
– Deko-Schirmchen.

Oder in TK-Behälter füllen und im
Gefrierschrank bei ca. -20 °C aufbe-
wahren.
(Maximale Lagerzeit: 3 Wochen)
Ergibt 4 Portionen.

Tip:

Steht keine Eismaschine zur Verfügung, stellt man das
Fruchtmus wie beschrieben her und füllt es dann in
kleine Stieleisformen aus Kunststoff (Haushaltswarengeschäft). Über Nacht im Gefrierschrank oder ***-Fach
des Kühlschrankes gefrieren lassen.

Erdbeer-Bananen-Eis

Zutaten:

500 g Erdbeeren,
frisch o. TK

250 g Fruchtfleisch
reifer Bananen

1 Prise Salz

Zum Garnieren:

einige frische Erdbeeren

6 Scheiben Waffelbrot
aus Weizenvollkornschrot

Deko-Schirmchen

Zubereitung:
Frische Erdbeeren putzen und waschen, TK-Früchte auftauen; Bananen in Stücke schneiden.
Erdbeeren, Bananen und Salz im Mixer pürieren.
Fruchtmasse 15 Minuten im Kühlschrank vorkühlen.
Dann in den vorgekühlten Einsatz der Eismaschine füllen und in ca. 25 Minuten zu Eis verarbeiten lassen.
Das fertige Eis sofort servieren.
Garnieren Sie z.B. mit
– frischen Erdbeeren,
– Waffelbrotstreifen,
– Deko-Schirmchen.

Oder in TK-Behälter füllen und im Gefrierschrank bei ca. -20 Grad aufbewahren.
(Maximale Lagerzeit: 3 Wochen)
Ergibt 6 Portionen

Tip:

Steht keine Eismaschine zur Verfügung, stellt man das Fruchtmus wie beschrieben her und füllt es dann in kleine Stieleisformen aus Kunststoff (Haushaltswarengeschäft). Über Nacht im Gefrierschrank oder ***-Fach des Kühlschrankes gefrieren lassen.

Rezepte

Carob-Früchtchen

Zutaten:

3-4 kleine reife Bananen

1 Carob-Tafel,
leicht gesüßt
(100 g; milchfrei,
Rohrohrzucker-gesüßt)

Zubereitung:
Carob-Tafel im Wasserbad schmelzen.
Bananen schälen und in 1 cm dicke Scheiben schneiden.
Mit einer Konfekt- oder Kuchengabel jeweils eine Bananenscheibe aufspießen und mit einer Seite in die Carob-Masse tauchen.
Mit der unbeschichteten Seite auf Backpapier legen, trocknen lassen.
Cocktail-Spießchen aufstecken und auf einer Platte anrichten.

Tip:

Ebenso geeignet:
frische Mangospalten und Birnenschnitze;
für Nichtallergiker auch Weintrauben und Ananasstückchen.
Wer Kakao verträgt, kann das Obst mit geschmolzener Soja-Tafel mit Kakao (ebenfalls milchfrei, Rohrohrzucker-gesüßt) überziehen.

Besondere Anlässe

Erdbeer-Bowle „Kindertraum"

Zutaten:

750 g Erdbeeren
(frisch oder TK-Ware)

1,5 l Mineralwasser

0,75 l Apfelsaft, ungesüßt

2 EL flüssiger Honig

1 Prise
Fruchtgewürzmischung
oder
1 EL Apfelsaftkonzentrat

Zubereitung:
Erdbeeren vorbereiten und mit Honig und Gewürz mischen.
Mineralwasser und Apfelsaft hinzufügen.

Tip:

Wünschen Sie verschiedene Früchte in der Bowle, so ersetzen Sie einen Teil der Erdbeeren durch Himbeeren und Mangostückchen.

Für Nichtallergiker:

Aromatisieren Sie die Bowle bei Tisch zusätzlich mit einem Schuß frisch gepreßtem Mandarinensaft.

Produktinformation/Warenkunde

Produktinformation/Warenkunde

Agar-Agar
natürliches pflanzliches Gelier- und Bindemittel aus Meeresalgen.
Mineral- und pektinreich, geliert durch Erhitzen.

Amaranth
proteinhaltiges Getreide aus Südamerika; für süße und herzhafte
Gerichte geeignet. Auch in gepuffter Form erhältlich (nussiger
Geschmack); enthält viel Lysin (essentielle Aminosäure).

Apfeldicksaft
schonend eingedickter Apfelsaft, zu verwenden als Süßungsmittel.

Ahornsirup
eingedickter Saft des kanadischen Ahornbaumes. Wegen des hohen
Zuckergehaltes sparsam verwenden.

Avorio-Reis
italienischer Rundkornreis; enthält durch eine besondere Behandlung vor dem Schälen mehr Vitamine als der sogenannte „Weißreis".

Birnendicksaft
eingedickter, säurearmer, ungezuckerter Birnensaft, als Süßungsmittel zu verwenden. Darf keine Vitamin-C-Zusätze haben.

Bourbon-Vanille
(als Pulver oder Schote erhältlich)
natürliche Vanille, zum Aromatisieren vieler Süßspeisen, Gebäcke
und Getränke.

Carob
Kakao-Alternative aus Johannisbrotmehl. Enthält viele Vitamine,
Mineralstoffe und Pektine.

Carob-Tafel
Schokoladen-Alternative; wie die Soja-Tafel auf Soja-Basis hergestellt; milchfrei, leicht Rohrohrzucker-gesüßt erhältlich.

Ei-Ersatz
mit Wasser anzurührendes Pulver, nicht zur Rührei-Herstellung geeignet.
Vorsicht:
im Handel sind verschiedene Produkte, darunter hühnerei-weißhaltige!

Getreideflocken
über Dampf erhitzte, gepreßte und dann getrocknete Getreide-körner. Können roh und ohne Einweichen gegessen werden.

Getreidekaffee
Bohnenkaffee-Alternative, auch für Kinder geeignet!

Gomasio
Würzmittel anstelle von Salz aus gerösteten Sesamsamen, zerstoßen und vermischt mit Kräutersalz. Für Gemüse- und Getreidegerichte sehr gut geeignet.

Guarkernmehl
pflanzliches Bindemittel aus der indischen Guarkernpflanze. Zum Binden kalter Soßen, Säfte o. Sojamilch geeignet. Sehr gut für Fruchtkaltschalen zu verwenden.

Hefeflocken
aus Bierhefe hergestellt, enthalten Vitamine der B-Gruppe und pflanzliches Eiweiß. Dürfen daher nicht mitgekocht werden. Zum Würzen aller Suppen und Soßen geeignet.

Honig
natürliches Süßungsmittel. Auf Qualität achten, der Honig sollte kalt geschleudert sein. Vorsicht bei Pollenallergie!

Kakao
wird von Neurodermitikern oft nicht vertragen; falls doch, auf Qualität achten: ausschließlich nicht alkalisierten Kakao verwenden (im Reformhaus o. Naturkostladen zu erhalten).

Konfigel
Geliermittel aus Zitruspektin und Stärke zum zuckerfreien Gelieren von Konfitüren, Marmeladen und Gelees.

Lecithin
natürlicher Emulgator, hilfreich beim Backen und Kochen ohne Eier; preisgünstig in den Läden zu erhalten, welche die „Hobbythek"-Zutaten führen.

Mandelmus
Paste aus fein pürierten Mandeln, zum Backen, als Müslizugabe, Brotaufstrich, für die Salatsoße und zur Herstellung von Mandelmilch.

Molkosan
milcheiweißfreies, aber laktosehaltiges Molkenkonzentrat mit viel rechtsdrehender Milchsäure; als Zugabe für die Salatsoße oder den Brotteig.

Öle
nur kalt gepreßte, nicht raffinierte Öle verwenden.

Orangeat
in Zucker eingelegte Schale der spanischen Pomeranze oder Bitterorange; Würze für Backwaren; unbedingt lose Naturkostware wählen (Naturkostladen/Reformhaus)!

Rohzucker
nicht verwenden! Häufige Bezeichnung für weißen, raffinierten Zucker, der nachträglich mit Karamel oder Melasse zu sog. „braunem Zucker" verarbeitet wird. Siehe dazu unter Rohrohr- u. Vollrohrzucker.

Rohrohrzucker
durch Kristallisation (nicht Raffination) gewonnener brauner Zucker aus Zuckerrohr mit z.T. noch hohem Mineralstoffgehalt aufgrund schonender Verarbeitung. Trotzdem sparsam verwenden!

Rosenwasser
erhältlich in Apotheken und Reformhäusern, zum Aromatisieren z.B. bei der Marzipanherstellung.

Sojamilch
rein pflanzlich, hergestellt auf der Basis von Sojasaft (japanisch „Tonyu"); im Handel unter der Bezeichnung Soja-Getränk, -trunk oder -drink erhältlich; in Natur, mit Calcium-Zusatz und in verschiedenen Geschmacksrichtungen. Auf Zutatenliste achten; die verwendeten Bohnen sollten aus kontrolliert biologischem Anbau stammen.

Sojamehl (Vollsoja)
eiweißhaltiges, kleberfreies Mehl aus Sojabohnen; zum Binden und Backen eifreier Speisen und Backwaren.

Sojasoße
aus Sojabohnen durch Fermentation hergestellte, asiatische Würzsoße; für viele Gemüse- und Reisgerichte. Im Handel als Tamari (salzig) oder Shoyu (süßlich) erhältlich.

Soja-Tafel
Schokoladen-Alternative auf der Grundlage von entfettetem Soja, milchfrei, Rohrohrzucker-gesüßt, mit Kakao.

Tapiokamehl
Bindemittel zum glasklaren Binden von Soßen und Süßspeisen (muß erhitzt werden). In Läden, die asiatische Lebensmittel führen, zu erhalten.

Tofu
aus Sojamilch durch Gerinnung hergestellt. Tofu enthält sehr viel hochwertiges pflanzliches Eiweiß, wird von Vegetariern daher gerne als Alternative zu Fleisch genutzt.

Vollmeersalz
unraffiniertes, aus Meerwasser gewonnenes Salz, enthält wichtige Mineralsalze und Spurenelemente. Auch mit Zusatz von Jod erhältlich.

Vollsoja
siehe Sojamehl

Vollrohrzucker
schonend getrockneter, gemahlener Zuckerrohrsaft (keine Raffination), enthält dadurch noch die Vitamine, Mineralstoffe und Aminosäuren des Zuckerrohrs.

Weinsteinbackpulver
Backtriebmittel mit natürlicher Weinsteinsäure (aus Holz-Wein-fässern) als Säureträger.

Weizenkeime
beim Mahlen abgetrennter, vitamin- (besonders Vitamin E) und fettreicher Keim des Weizens. Als Zugabe zu Back- und Teigwaren, zum Müsli, zur Salatsoße oder zum Überstreuen von Speisen.

Zitronat (Zedrat, Zukkanat)
in Zucker eingelegte Schale unreifer Früchte des ostindischen Zitronenbaumes (Citrus medica); unbedingt Naturkostprodukte (lose Ware) wählen; erhältlich im Naturkostladen/Reformhaus.

6. Verzeichnisse

Stichwortverzeichnis

Rezeptregister

Weiterführende Literatur

(1) *Bustorf-Hirsch, Maren:* Schmackhafte Vollwertkost ohne tierisches Eiweiß.
     Falken-Verlag, Niedernhausen/Ts. 1989.

(2) *Danner, Helma:* Die Naturküche: Vollwertkost ohne tierisches Eiweiß.
     Econ-Verlag GmbH, Düsseldorf 1992.

(3) *Danner, Helma:* Gerichte ohne tierisches Eiweiß.
     Perlinger Verlag GmbH, A-6300 Itter 1990.

(4) *Flade, Dr. med. Sigrid:* Neurodermitis natürlich behandeln.
     Gräfe und Unzer GmbH, München 1990.

(5) *Gärtner, Veronika:* Frisch, schmackhaft und gesund - Sprossen und Keime.
     Buch und Zeit Verlagsgesellschaft mbH, Köln 1989.

(6) *Gutjahr, Ilse:* Vollwertkost ohne tierisches Eiweiß.
     emu-Verlags-GmbH, Lahnstein 1991.

(7) *Hamm, Michael und Behr-Völtzer, Christine:* Krank durch Ernährung?
     Mosaik Verlag GmbH, München 1990.

(8) *Hellermann Mechthild:* Gut essen und leben mit Neurodermitis.
     Selbstverlag, Schwelm 1990.

(9) *Kenton, Leslie und Susannah:* Kraftquelle Rohkost.
     W. Heyne Verlag GmbH & Co. KG, München 1987.

(10) *Krieger, Verena:* Die Tofu-Küche.
     Tanner + Staehelin Verlag, CH-8029 Zürich 1984.

(11) *Meyer, Axel:* Vollwertkost bei Neurodermitis.
     Taoasis Verlag, Aerzen 1989/2.

(12) *Nöcker, Rose-Marie:* Körner und Keime.
     W. Heyne Verlag GmbH & Co. KG, München 1987/9.

(13) *Nöcker, Rose-Marie:* Sprossen und Keime.
     W. Heyne Verlag GmbH & Co. KG, München 1988/12.

(14) *Randolph, Theron C. und Moss, Ralph, W.:*
     Allergien: Folgen von Umwelt und Ernährung.
     Verlag C.F. Müller GmbH, Karlsruhe 1993/6.

(15) *Schmid, Reiner:* Zuhause selber keimen.
     Verlag Ernährung und Gesundheit, München, 3. Auflage.

(16) *Spiller, Wolfgang:* Neurodermitis - Krankheit ohne Ausweg?
     "Schach den Allergenen".
     Verlag"Natürlich und Gesund", Stuttgart 1988/2.

(17) *Spiller, Wolfgang und Hohler, Hubert:* Vegane Rohkost.
     Verlag "Natürlich und Gesund", Stuttgart 1992.

(18) *Walker, Herbert:* Vollwertig kochen mit Pfiff - ohne tierisches Eiweiß.
     pala-verlag gmbh, Schaafheim 1991.

(19) *Walker, Herbert:*
     Vollwertig backen mit Pfiff - ohne tierisches Eiweiß.
     pala-verlag gmbh, Schaafheim 1992.

Quellenverzeichnis

(1) *AID e.V.* (Hrsg.): Keimlinge, Bonn 1993.
(2) *Augustin, H.* und *Schmiedel, V.:*
      Praxisleitfaden Naturheilkunde.
      Jungjohann Verlagsgesellschaft mbH Neckarsulm, Stuttgart 1993.
(3) *Begemann/Rastetter:* Klinische Hämatologie
      Thieme Verlag, Stuttgart 1986/3.
(4) *Borelli, Siegfried und Rakoski, Jürgen:* Neurodermitis.
      Falken-Verlag GmbH, Niedernhausen 1992.
(5) *Bruker, M. O.:* Das Allergie-Problem.
      emu-Verlags-GmbH, Lahnstein.
(6) *Bruker, M. O.:*
      Die Deckung des Eiweißbedarfs.
      emu-Verlags-GmbH, Lahnstein.
(7) *Braungärtner, Lucia:* Vollwertig backen für Weihnachten.
      Gräfe und Unzer GmbH, München 1988.
(8) *Bustorf-Hirsch, Maren:*
      Schmackhafte Vollwertkost ohne tierisches Eiweiß.
      Falken-Verlag, Niedernhausen 1989.
(9) *Chandra, Ranjit Kumar:* Kinderdiätetik.
      Nahrungsmittelallergie: 1992 und danach.
      Sonderdruck aus "Sozialpädiatrie in der Pädiatrie", 4/1993
      Verlag Kirchheim, Mainz
(10) *Flade, Siegrid:* Neurodermitis natürlich behandeln.
      Gräfe und Unzer GmbH, München 1990.
(11) *Guesry, P.* et al.: Möglichkeiten und Perspektiven der alimentären
      Allergieprävention im Säuglingsalter und in der Schwangerschaft.
      Sonderdruck aus dem "Jahrbuch der Gynäkologie und Geburtshilfe",
      1994. Burmann-Verlag, Zülpich, FRG.
(12) *Hamm, Michael und Behr-Völker, Christine:* Krank durch Ernährung?
      Mosaik Verlag GmbH, München 1990.
(13) *Handschmann, Johanna:* Vollkorn mit Genuß.
      Gräfe und Unzer GmbH, München 1991.
(14) *Hellermann, Mechthild:* Gut essen und leben mit Neurodermitis.
      Selbstverlag, Schwelm 1990.
(15) *Kurz, Marey:* Vollwertkost, die Kindern schmeckt.
      Gräfe und Unzer GmbH, München 1986/2.
(16) *Nöcker, Rose-Marie:* Das große Buch der Sprossen und Keime.
      W. Heyne Verlag GmbH & Co. KG, München 1987
(17) *Pütz, Jean:* Das Hobbythek-Buch vom Essen 2.
      vgs. Köln 1987/3.
(18) *Pütz, Jean und Niklas, Christine:*
      Hobby-Tip der Hobbythek/WDR Nr. 176/178
(19) *Radke, Michael:* Konsequente hypoallergene Säuglingsernährung
      präventiv wirksam? in "pädiatrie plus, Kinderheilkunde in der Praxis",
      September 1993.
      Hrsg.: *Lemke, Peters* und Partner GmbH, Ratingen.

(20)   *Randolph, Theron G.* und *Moss, Ralph W.*:
       Allergien: Folgen von Umwelt und Ernährung.
       Verlag C. F. Müller GmbH, Karlsruhe 1993/6.
(21)   *Souci/Fachmann/Kraut:*
       Lebensmitteltabelle für die Praxis.
       Wissenschaftliche Verlagsgesellschaft mbH, Stuttgart 1987 und 1994/5.
(22)   *Spiller, Wolfgang:* Ernährungstherapie bei Allergischen Erkrankungen.
       PSE VERLAG, Villingen 1988.
(23)   *Spiller, Wolfgang:* Neurodermitis - Krankheit ohne Ausweg?
       Verlag "Natürlich und Gesund", Stuttgart 1988/2.
(24)   *Spiller, Wolfgang und Hohler, Hubert:* Vegane Rohkost.
       Verlag "Natürlich und Gesund", Stuttgart 1992.
(25)   *Stemmann, Ernst August:* Neurodermitis ist heilbar.
       Kaivos Verlag, Peine 1987.
(26)   *Vogt, Elisabeth und Schlieper, Giesela:*
       Neurodermitis - Psyche, Ernährung, Hautkosmetik.
       BLV, München, Wien, Zürich 1990.
(27)   *von Koerber, Männle, Leitzmann:*
       Vollwert-Ernährung-Konzeption einer zeitgemäßen Ernährungsweise.
       Karl F. Haug Verlag, Heidelberg 1994.
(28)   *Wahn, Ulrich:* Allergien im Kindesalter.
       Sonderdruck Prävention aus
       der "Zeitschrift für Gesundheitsförderung" 1/1992.

7. Anhang
Produkt- und Herstellerliste

Eine hilfreiche Produkt- und Herstellerliste können Sie von den Autorinnen separat per Post beziehen.
Dazu senden Sie bitte DM 1,- in Briefmarken (Auslagenerstattung) und einen an Sie adressierten Rückumschlag, Größe C6, frankiert als Kompaktbrief (gemäß den derzeit gültigen Postgebühren) an folgende Adresse:

Rosa Freimuth-Krämer
Kaltenweide 130

D-25335 Elmshorn